ボクのお店は マッシュマンズ カフェ

寺崎雅実
Masami Terasaki

今日の話題社

店内

入口の防火扉を黒板に

窓側にはカウンター席を

1階入口　手作りの立て看板

お客様の作品コーナー

作品コーナー販売編

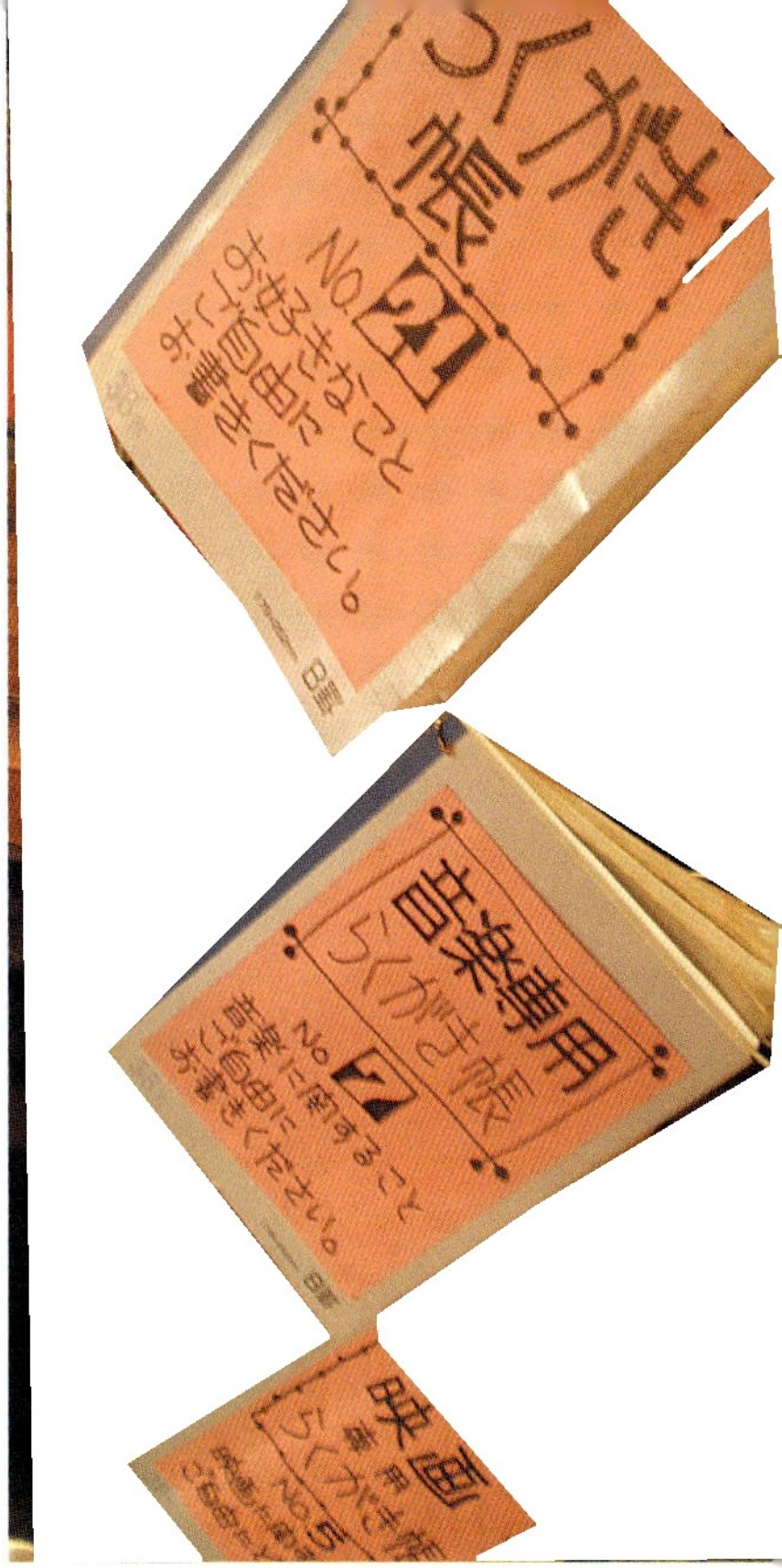

3種のらくがき帳

2002年3月物件内見。
はじめは何もない状態だった

2001年暮れ。
手作りの家具で埋もれた著者自宅

20代の記録。すべては音楽のために。

21歳…本格的にバンド活動

24歳…弾き語りによるソロライヴ

23歳…池袋の路上にて

26歳

27歳…バンドでのライヴ

27歳…池袋の路上にて

ボクのお店は★マッシュマンズ★カフェ★

写真提供／「Lightning」

勝負してるかい?

はじめに

それは２００2年6月のこと。東京は池袋に、小さなカフェがひっそりとオープンしました。そうなんです、ほんとにひっそりと。別にそんなお店があろうとなかろうと、世の中は何も変わらないし、誰も困らない。そんな誕生でした。

ところがどっこい、時が経つにつれそのお店は、じわじわと輝きを放ち出します。何だかわからないけど、人々を魅了し始めます。評判は口コミで伝わり、今や池袋を、いや東京を代表するお店へと変貌するのでありました（ホントか？）。

この本は、ボクがお店を開きたいと思ってからこれまでの、それはそれはエキサイティングで濃密な日々の記録です。いやいや、ボクとボクの分身でもあるお店の、壮大なドラマです。

夢を持ち、それを叶えること。きっと誰もが憧れることです。その夢が大きくて困難であればあるほど、努力が必要だったり、能力が問われるかもしれません。でも、あえてボクは言います。大事なのは気持ちなんです。強い気持ちがあれば絶対に夢に近づけるし、周りの人にも伝わります。ひとりじゃできないことでも、他人の協力で克服できることもあります。

絶対にあきらめない強い気持ちと勇気を持つこと。夢に向かうってのはそうゆうことです。

夢も希望もない、そんな人がいます。意味もなく、ただ毎日が過ぎていく。ボクにもそんな時期がありました。夢を持つ、いわゆる望みを持つということは、自分との戦いです。思うようにいかない、恥ずかしい、カッコ悪い、そんな自分の姿をさらしたくないから、望みを持たない、夢を追いかけようとしない。でも人間には、きっと誰にも生まれ持った才能や能力があるはずです。人より優れたモノがきっとあるんです。ただそれに気付けばいいんです。チャレンジしなければ、自分の能力に気付くことはありません。現にボクも、お店を始めなかったら今の自分に出会ってなかったのです。

はじめは誰もが素人です。アマチュアです。ズブの素人でも、いつかは世間の支持を得ることができるんだ。情熱でピンチを乗り越えられるんだ。ボクの苦闘の日々は、気持ちの物語でもあります。

この本が、これからお店を開きたいと思っている人や、他にも何かを始めたいなんて思っている人、そんな夢に向かっている人に少しでも参考になったり、勇気を与えられたらうれしいです。

この本を、これまでボクに関わり支えてきてくれた人みんなに、感謝を込めて贈ります。

小さくまとまるなよ、俺。

目次

shman's★
cafe ★

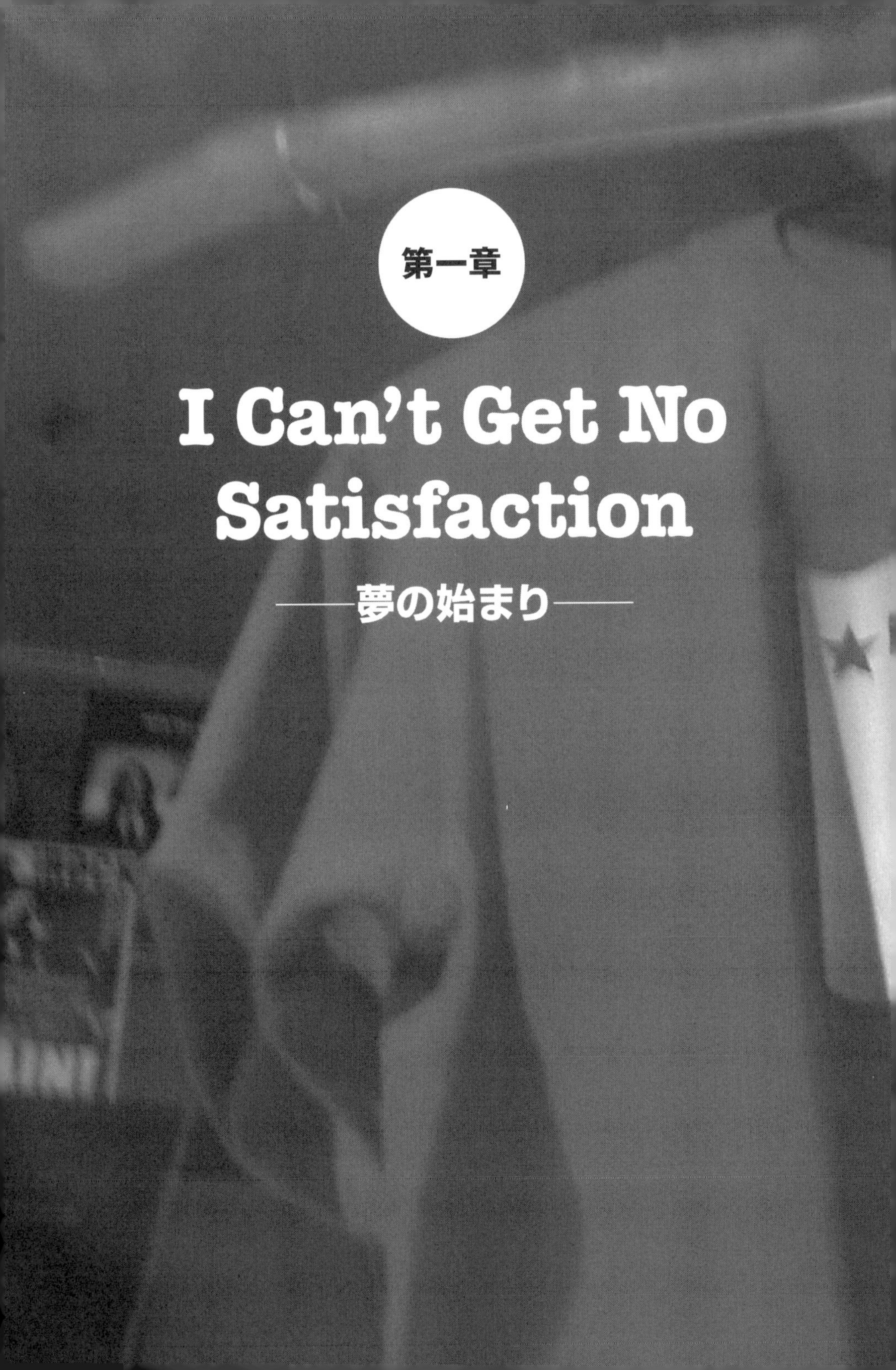

第一章

I Can't Get No Satisfaction

――夢の始まり――

やりたいと思ったことはやる。
今すぐに。

動いてみれば景色が変わる。
始めてみれば意識が変わる。

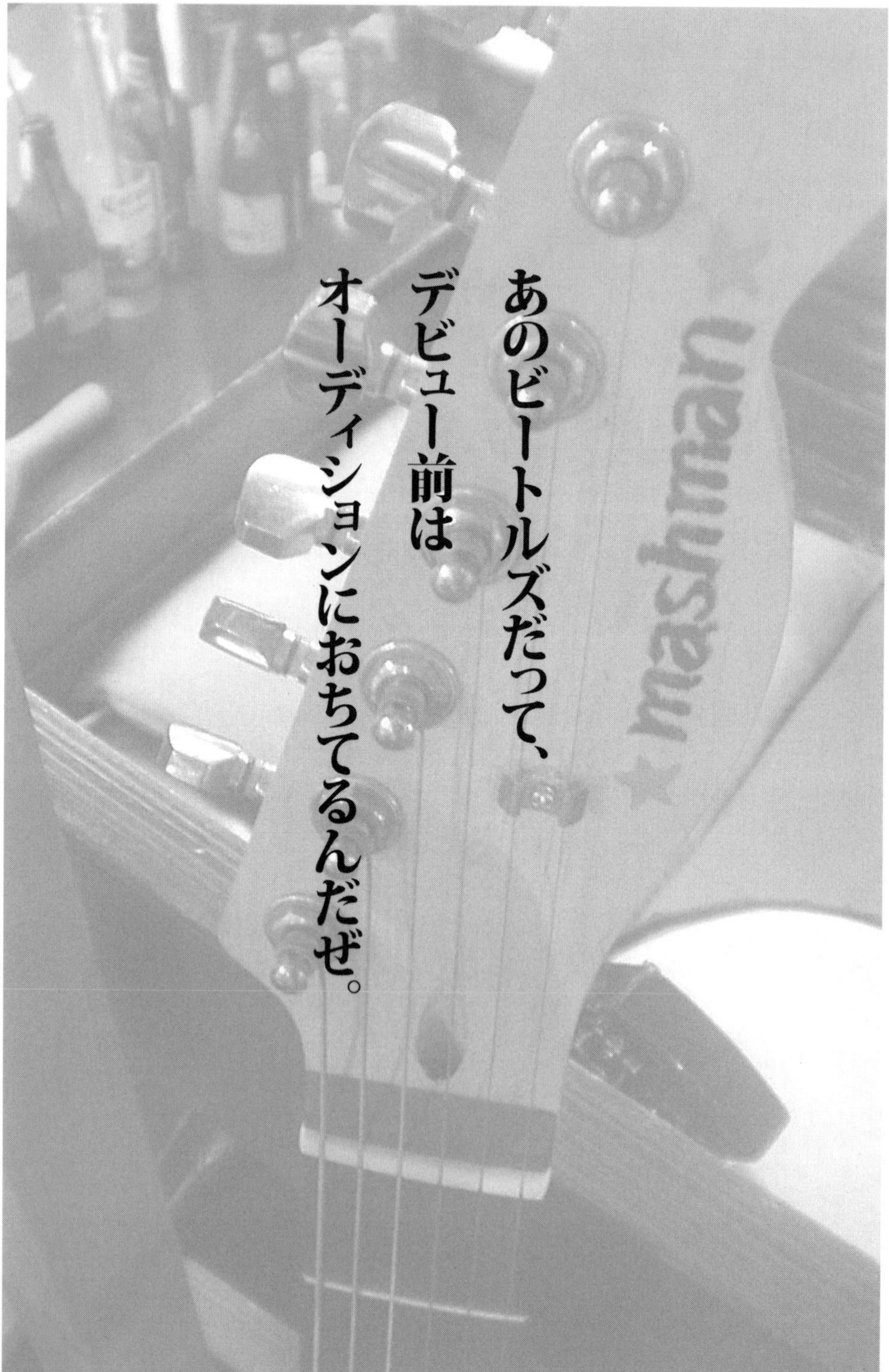
あのビートルズだって、
デビュー前は
オーディションにおちてるんだぜ。

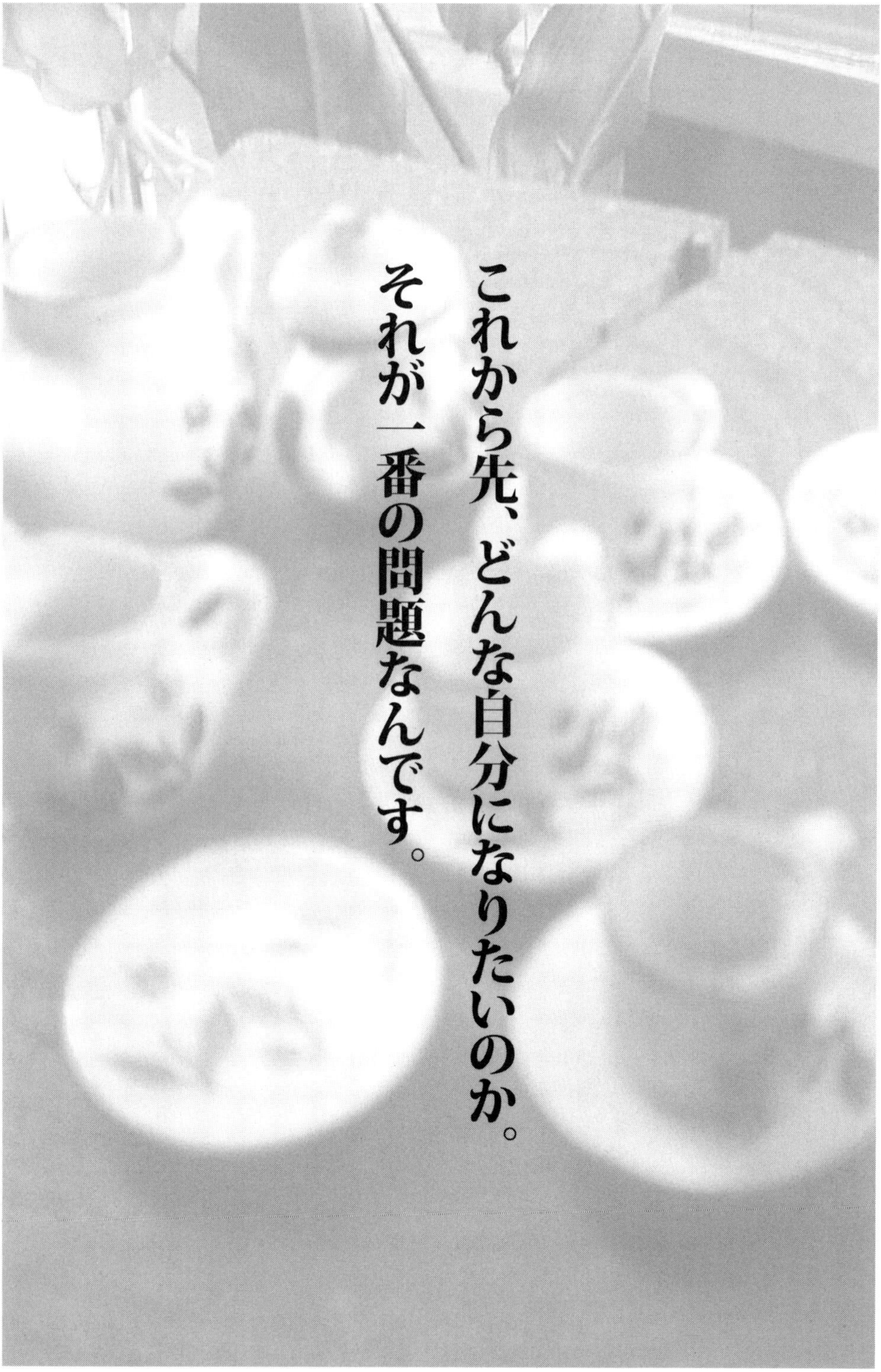
これから先、どんな自分になりたいのか。
それが一番の問題なんです。

栄養
THE BYRDS
マッシュマンで

どうゆう人と出会うかで人生は決まる。
とりあえず、この出会いに感謝。

ボクはしがないダメ店長——BGM◎ザ・ローリング・ストーンズ『ジャンピン・ジャック・フラッシュ』

その頃ボクは、大手チェーン系のレストランで店長をしていました。ターミナル駅の、いわゆる駅ビルの中のレストランフロア。そこがボクの職場です。30人ほどのスタッフを抱え、それはそれは忙しい毎日を送っていました。自分でお店を始めたいなぁ。ぼんやりとそんな事を考え始めたのは35歳の時です。

33歳で飲食の世界へ転職しました。料理の経験はまったくありませんでした。自炊すらほとんどしたことがありません。そんなボクが何で飲食界へ？　大きな世界だと思ったからです。大きな世界で自分を試してみたい。ボクが果たしてどれだけやれるのか、ゼロからのチャレンジだったのです。

一年の下積みを経て、店長に昇格しました。ボクは自分のことをがんばったとか努力したとか言うのはあまり好きじゃないのですが、それでもよくやったかなぁと思います。家でフライパンを振る練習をしたり、レシピを丸暗記したり。店長になればお給料が上がります。ボクにはカミさんと小さな娘がいました。家族のためには、早く昇格しなけりゃというあせりもあったのです。

飲食店の仕事はとてもハードです。肉体労働です。店長ともなると、思うように休みも取れません。ボクは甘い世界じゃないことを知らされるのです。

ボクが働いていた会社は、とても大きな会社でした。厳しい管理体制が敷かれ、事細かい規則や上下関係の中で、社員は競争をあおられていました。よそのお店ではできることが、何でおまえの店はできないんだ。上司の厳しい言葉が、店長のボクに何度となく浴びせられます。マニュアル絶対主義のもと、個性を切り捨てられ、画一的なロボット社員を育て上げる会社。ボクにはそう感じられました。しょうがないことだと思います。チェーン展開しているお店では、均一化が求められます。どのお店でも同じ味で、同じ対応を。個人の勝手な行動や言動が切り捨てられるのは当然でした。

人間のタイプはいろいろです。ハッパをかけられて燃える人、おだてられて能力を発揮する人。ボクは間違いなく後者です。調子に乗りやすく、逆況に弱い。上からモノを言われると、反発し、しまいにはやる気をなくす。

ここには自分の居場所はない。組織には向いてない。イエスマンにはなれない。ボクはすぐにそんな気持ちになりました。ボクじゃなきゃいけないことは、ひとつもありませんでした。そう、代わりはいくらでもいるただの歯車です。

やる気のなさは当然仕事にも現れます。上司からゲキを飛ばされても、ボクの気持ちは応えられなくなっていきました。春の人事異動でボクは飛ばされました。会社の中でも問題のある店舗への異動です。会社からは、ダメ店長の烙印を押されたのでした。

このままでいいのかなぁ。カミさんにグチをこぼしました。自分が本気になれるようなことをしてみたい。やりたいことがあるわけじゃないけれど、このまま歳を取っていくのはいやだ。ボクはくすぶっていました。

31歳で結婚して、すぐに娘が生まれました。新しいマンションに住み、世間からはしあわせそうな家族に見えていたと思います。ただ、ボクの中では小さな火が点いていたのでした。勝負してみたい。20代の頃のような熱い毎日を過ごしたい。今のボクに何ができるんだろう。自分で今の仕事、飲食店を始めることはできないんだろうか。どうせ忙しく働くなら、自分の思うようにやりたい。自分のために働きたい。そんな気持ちがくすぶり始めたのでした。


ある時ボクは本屋に行って、『お店の始め方』なる本を読んでみました。ピンと来ませんでした。まるで別世界のような気がしたからです。ボクに何ができるんだろう。ちょっと飲食店で働いたくらいで、世間の支持を得られるような立派な料理なんて作れるわけがない。独立する人ってのは、きっと有名なレストランでみっちりと修行して経験を積んだ人なんだろうなぁ。あ〜あぁ。

本屋をうろうろして、別のコーナーにある雑誌にふと目が行きました。創刊されたばかりらしい、カフェに関する本でした。ちょっと新鮮な感じがしたボクは、そのきれいな雑誌を手に取ってみました。『カフェ』。その言葉から感じる雰囲気にピンときたのでした。ボクはなんとなく、その本を買って帰りました。

その頃は、いわゆるカフェの創生期で、都内に新しい感覚のカフェが誕生し始めた頃でした。ボクはそんなカフェに行ったことはないけれど、本に印刷されたいろんなお店の写真や記事から、自由な空気を感じたのでした。へぇ、カフェって何でもありなんだなぁ。自分の感覚でお店作りができるみたいだ。けっこう本格的な料理もやってるんだなぁ。ボクの中の火が少し大きくなりました。飲食店ではあるけれど、普通のレストランや喫茶店とは違う、個性を活かしたスタイルなんだと感じました。オーナーの個性を自由に発揮できる。ボクにはそう感じられました。

カフェをやりたい。ボクははっきりと自覚しました。どうしたらカフェを始められるんだろう。なんかよくわかんないけど、カフェを始めたい。ボクのカフェを始めるぞ。試しにカミさんに言ってみました。

「あのさぁ、カフェやりたいんだけど」

「何言ってんの。ムリに決まってんじゃない」

まったく話になりません。そりゃそうだ。ボクだってそう思ってるんだから。お金があるわけじゃないし、勇気もない。時は2001年の春。ボクの中に、ほんの小さな夢が芽生えたのでした。

『やりたいよ』

湧き上ってくるんだよ
熱い想いなんだよ
じっとしてられないんだ
ただやるしかないんだ

やりたいよ
やりたいよ
やりたいよ
誰にも止められない

希望はいつもあるんだ
未来は限りないんだ

明日のことばっかり
考えているんだ

やりたいよ
やりたいよ
やりたいよ
誰にも止められない

いつも中途ハンパで
逃げ出してばかりいたから
やり遂げてみたいんだ
自分に納得したいんだ
自分に自信を持ちたいんだ

出来るはずさ　なれるはずさ
絶対あきらめないんだ
理由なんてないけれど

湧き上ってくるんだ

やりたいよ
やりたいよ
やりたいよ
誰にも止められない

大きな炎だぜ——BGM◎ヴェルヴェット・アンダーグラウンド『サンデイ・モーニング』

ボクは、渋谷にある問題店舗に異動になりました。そのお店はこの2、3年急激に売上が落ち、コロコロと店長が変わっていました。ボクも同じ目に遭うのかもしれない。責任を取らされて、また飛ばされるかも。だからと言ってやる気が起きるわけでもない、どうにでもなれの心境でした。

渋谷の駅前にあるファッションビルの中にそのお店は入っていました。渋谷はボクの大好きな街でした。若い頃に販売のアルバイトをしたことも、初めて就職した会社も渋谷でした。青春の多くを過ごした思い出深い街です。それがまた、よりによってやる気をなくしたボクが舞い戻って来たのでした。

飲食店なのですが、隣には若いコ向けの洋服屋さんが並んでいます。当然ですが、スタッフの方と顔を会わせれば挨拶をし、たまには両替なんかをお願いしたり、ちょっとした交流があるもんです。店長さんはかわいらしい女の子でした。しばらくしてボクはその店長さん、とてもかわいい京子ちゃんという女の子と仲良くなるのでした。そして、この京子ちゃんとの出会いがきっかけで、ボクは自分の夢を加速させることになるとは、その時思いもよらなかったのですが。

仕事の休憩時間、ボクはよくそのビルの屋上で過ごしていました。従業員用の休憩室はとても小さく、女の子ばかりなので居づらかったのです。コック服を着ているので、なんとなく外にも出づらかったし。そして京子ちゃんも、よく屋上で過ごしていました。何度も顔を合わせるうちに、次第に一緒にテーブルを共にするようになりました。京子ちゃんもボクと一緒で、休憩室の空気になじめないでいたのでした。そんなところにボクは親しみを感じたのです。

話をするようになって、京子ちゃんが仕事のことで悩んでいることを知ります。販売の仕事は自分に向いてないんじゃないかなぁ。でも他にやりたい仕事もないし。ボクはがんばれって励ましました。辞めるのはいつでもできるよ。まるで自分に言いきかせているようでした。ボクは京子ちゃんに、なんとなく近いものを感じるのでした。

ある時いつものように屋上のテーブルで、ぼくは空想のイラストを描いていました。自分が始めたいと思うカフェの絵です。

「何描いてるの？」

京子ちゃんでした。ボクは初めて人に打ち明けました。カフェを始めたいと思ってることを。

「お店を始めたいんだ。こんなお店にしたいんだよ、ここをこうしたいんだぁ。こんな感じのお店でね、こんな風にやりたいんだ」

彼女はにこにこと聞いてくれていました。東京は渋谷のビルの屋上。なんとなく世間になじめず、心のどこかに孤独を抱えているボクたち二人なのでした。


ボクにはどうしても行ってみたいお店がありました。本で見かけた原宿にあるカフェでした。その頃のボクはカフェに関する本を何冊も買い込んでいました。いつものように暖かい風が吹き抜ける屋上の片隅で、彼女と一緒にそのお店のページを眺めていました。どう見ても、子供を連れて行けるような雰囲気ではないそのお店に、ボクは尻込みしていたのです。


「わたしも行ってみたい。一緒に行こうよ。休みいつ?」

「えっ、だってオレ、カミさんいるんだよ。まずいだろぉ」

「あたしだってカレいるよぉ。だけど休み合わないんだもん。行こう、行こう」

「そっかぁ?」

そうして、彼女と初めてデートをするのでありました。7月、夏の暑い日のことでした。

久しぶりの原宿は、とても新鮮です。もちろんカミさんには内緒のデートです。申し訳ないとは思うけど、ボクは少しときめいていました。なんてったってかわいい女の子とのデートです。原宿です。20代の頃に戻ったような気分だったのです。

目的のカフェはすぐには見つからず、ボクらはうろうろと歩き回りました。やっと見つけた喜びが、さらにボクの気持ちを駆き立てたのかもしれません。いや、ただ京子ちゃんと一緒なだけで、もうボクの胸は高鳴っていたのだけれど。

通りに出ていたのは小さな看板でした。いかにも手作りでかわいらしく、お店への期待がさらにふくらみます。ボクらは一緒にランチをし、お店の方にお願いして写真を撮らせてもらいました。ボクの予想通り、まさに圧倒的なお店でした。手作りであふれた店内に、ボクのアーティスト魂が大きく刺激されました。決してお金をかけたお店ではありません。色使いや木材の使い方は個性やセンスにあふれていました。小さいお店でしたが、独特の雰囲気でやさしい空気に包まれていました。

トイレに行く時に、キッチンを覗いてみました。なんだか家庭の台所みたいでした。こんなキッチンでもいいんだ。ボクは仕事柄、飲食店のキッチンはこうでなきゃいけないといった固定観念が無意識にありました。銀色に輝く業務用冷蔵庫に囲まれ、業務用の調理器具が並んでいる。そんなボクの常識を大きく覆すお店でした。だって冷蔵庫は家庭用のものだし、炊飯器も家庭用。洗い場なんて家庭のシンクよりもひどい造りです。

ボクの中で何かがハジけました。お金なんてかけなくたっていいんだ。全部手作りすれば、お金なんて大してかからないし、こうゆうお店だったら、もしかしてボクにもできるかもしれない。ボクはうれしくてワクワクしました。一緒に来てくれた彼女に感謝です。

「いいお店だったね」

ぶらぶらと原宿の裏通りを歩きながら、京子ちゃんもうれしそうな顔をしています。

「オレ、決めたよ。絶対お店やる。あのお店に負けないようなすごいお店を作ってみせる」

ボクは鼻歌を唄っていました。お店で流れていたヴェルヴェット・アンダーグラウンドの曲が耳に残って離れないのです。いつしかボクらは手をつないでいました。忘れられない一日になりました。ボクの中の小さな火が、大きな炎へと変わった一日でありました。それはお店への想いと、もうひとつ京子ちゃんへの想いもあったのかもしれないけれど。

『決意表明のうた』

やりたいことがあるんだ
やりたい俺がいるんだ
やりたいことがあるんだ
俺は一体何者なんだ

きっと才能あるんだ
きっと実力あるんだ

きっと才能あるんだ
俺はこれからどこへ行くんだ

決めたんだ　決めたんだ
なりたい自分になるんだ
決めたんだ　決めたんだ
好きなように生きてやるんだ

気持ちが震えているんだ
楽しみで高ぶってる
気持ちが震えているんだ
パンクするほどふくれているんだ

決めたんだ　決めたんだ
なりたい自分になるんだ
決めたんだ　決めたんだ
好きなように生きてやるんだ

はじめの一歩――BGM◎デレク&ザ・ドミノス『ベルボトム・ブルース』

ボクは毎日、重たい荷物を抱えて渋谷のお店に出勤です。スタッフが不思議そうに聞いてきます。

「店長、何持って来てるんすかぁ?」

毎朝、原宿に途中下車して、あるお店で食器を買い込んでいたのでした。あの原宿デートの日に、たまたま入った雑貨屋さんで格安の食器を見つけたのです。カップにお椀に大皿に。これだと思いました。いかにも手作りで、形は不揃い。高級感はまるでないけれど、暖かみのある質感。ボクのイメージにぴったりです。その食器を買い占めることにしました。とにかく何かしたかったのです。できることを今から始めよう。それまではただ頭の中にあるだけだったボクの夢が、ついに最初の一歩を踏み出したのです。京子ちゃんがボクを後押ししてくれたのです。口先だけの男だなんて思われたくない。京子ちゃん、見ててくれよ。いつの日か、オレ必ずお店開いてみせるから。

ボクはカミさんにカフェをやりたいことを話しました。今度ばかりは真剣に。残念ながらカミさんはまるで取り合ってくれません。そんなお金はない、今のままでいい、そんな調子です。当然買い込んでいる食器も猛反対です。家の中に置いておく場所なんてない、そんな感じです。ボクは少ない小遣いをはたいて買い占めを続けました。ボクにとって唯一の味方は、京子ちゃんでした。彼女も一緒になって、食器を買ってくれていたのです。

それからもボクらは、本を見ていろんなお店に行きました。ボクらはまるで恋人同士のようでした。ボクの夢は、二人の夢になっていきました。自由な時間が少ないことが、余計にボクらに火をつけたのかもしれません。ボクらは急速に親しくなっていくのでした。

夜の渋谷の小さな公園は、街中の喧騒とは裏腹に静かなもんでした。

「明日ね……」

京子ちゃんが話しづらそうにうつむいています。

「カレと会うんだ」

「そっかぁ」

「もう会いたくないんだ」

「そっかぁ」

ボクには何も言えません。彼女が期待する言葉はなんとなくわかっていたけれど。

もうすぐ夏が終わろうとしていました。少しずつ、いろんなことが変わっていました。ずっと夏が続けばいいのに。ずっとこのままだったらいいのに。
その日は台風の夜でした。ボクは帰り道、電車を降りたところで携帯が鳴りました。京子ちゃんからです。電話の向こうで彼女は泣いていました。カレと別れたと伝えてきました。ボクは複雑な気持ちでした。ボクとカレとの間で、彼女は苦しんでいたのです。そしてひとつ答えを出したのでした。真っ暗な空から、激しい雨が降っていました。ボクは胸を締めつけられる気持ちで涙がこぼれそうでした。ボクは答えを出せない卑怯者です。ボクの心の中にも雨が降っていました。

『恋の真空パック』

どうして気持ちは変わってしまうんだろう
どうして好きのままでいられないんだろう
何度も恋をするたびに不思議になるんだ
揺れる想いの理由は何？

この恋を真空パックに詰めて
永遠に残したいんだ
この恋が真空パックの中で
永遠に変わらず愛し続ける

君は言う　この気持ちずっと変わらない
不安になるんだ　永遠が信じられない

何度も恋をしたけれどわからないんだ
揺れる想いの理由は何?

この恋を真空パックに詰めて
永遠に残したいんだ
この恋が真空パックの中で
永遠に変わらず愛し続ける

ひょうたんからコマ?――BGM◎ザ・キンクス『ユー・リアリー・ガット・ミー』

秋がやって来ました。ボクは36歳になりました。ボクはずっと計画していたことを実行に移そうと思っていました。イスやテーブルなどの家具を自分で作ってみようと思っていたのです。休みの日に、近くのホームセンターから木材を買ってきました。ボクの小遣いからです。自転車で長さ180センチもの木材を、何本も抱えて運ぶのは大変なことでした。

仕事の休憩時間に、ボクはたくさんの設計図を描いていたのです。ひじ掛けのついた豪華なイスを作ろうと思っていました。木と木をどうやってジョイントさせるか、こと細かくイラストに起こしていました。その設計図を基に、木を切り、釘を打ち付けます。のこぎりは100円ショップの安物です。こんなふうに木を切ってモノを作るなんていつぶりのことだろう。学校の工作でも記憶にありません。丸一日かかりました。イスがひとつ出来上がりました。すばらしい出来栄えです。それはもう感動です。『王様のイス』と名付けました。実際に座ってみると、これまたいい感じです。

お店の主役はお客さんです。お客さんがひじ掛けのついたイスで、ど～んと座っている。ボクのイメージ通りのイスでした。次の休みの日には、少し形を変えたイスを作りました。

『女王様のイス』と名付けました。素人が作ったモノとは思えません。そのくらいすばらしいイスでした。

こうしてボクは、家具作りにハマっていくのでした。暴走の始まりです。100円ショップののこぎりやトンカチはプロ仕様のモノへと代わり、慣れた手さばきで作る時間もどんどん短くなっていきました。休みの日のたびに、ボクはウキウキして自転車を走らせました。木材はとても重く、お金もかかったけれど、モノを作る喜びはボクを生き返らせてくれました。3LDKの我が家はイスやテーブルでどんどん埋もれていきました。

ボクは木を切りながら、こんなことを想像していました。いつかお店が始まって雑誌の取材が来ます。ライターさんはボクにこんなことを聞いてくるのです。

「おすすめの料理は何ですか？」

ボクはこう答えます。

「このお店の一番のおすすめは、このイスですよ。どうです？　すばらしいイスでしょう」

きっとボクの顔はニヤニヤしていたことと思います。自信満々でした。手作りのイスのお店はあるかもしれないけれど、こんな豪華なイスのお店は絶対ないだろう。

しかし、カミさんは相変わらず変わりません。まるっきり無視を決め込む態度です。4歳になる娘はモノ珍しそうに、木を切るボクをながめていました。

そんな頃、事件が起きました。ボクと彼女のことがカミさんにバレたのです。カミさんは相当な剣幕でボクにすごんできます。あたりまえです。ボクもいつかこの日が来るだろうと覚悟していました。女のカンってやつは、男にはわからないほど鋭いもんですから。ボクは開き直ってこう言ったのでした。

「彼女とは別れない。今ボクの味方なのはそのコだけだから」

カミさんのショックは相当なものだったと思います。ボクも胸が痛みました。でもこれがボクの本当の気持ちだったのです。お店への夢だけが今のボクを支えていたんです。

ところが、実はこの一言が決定的だった。その日からカミさんの態度が変わったのです。お店を始めたいことに理解を見せるようになったのでした。

強敵現る――BGM◎ジミ・ヘンドリックス『パープル・ヘイズ』

ぼくの家は埼玉の川口です。結婚して子供が生まれ、新築のマンションを購入したのでした。実家は大宮です。すぐ会える距離にいます。父は病気で長期入院中でした。ひとり大宮に住んでいる母は、孫会いたさによくボクの家に来ます。そりゃびっくりです。家の中には、ボクが作ったイスやテーブルがゴロゴロしてるんですから。

「お店をやりたいんだよ。カフェを開きたいんだ。ちゃんと食事のできるお店なんだ」

ボクは必死に説明しましたが、話を最後まで聞いてもらえません。

「おまえ、お店なんてものが簡単にやれるわけないだろう。第一お金はどうするんだい。まさか親をアテにしてるんじゃないだろうねぇ」

「違うよぉ。できるだけお金をかけずにやるんだよ。お金はかけずに、でもいいお店を作るんだよ」

「まったく話にならないねぇ。おまえは昔っからそうだ。夢ばかり見て」

予想はしていました。やっぱり母は大反対です。おまえに商売はムリだ、の一点張りです。ボクには自信がありました。ただ何の根拠もない自信です。人を説得するには、あまりにもムリがありました。絶対に成功させてやる。ボクの強い気持ちとは裏腹に、母はボクの愚かさをズバズバと指摘してきます。根性がない、緻密さがない、社交的じゃない、あれこれ。さすがよくわかってます。その通り。でも反対されればされるほど、燃えてくるのがボクであります。そこんところがわかってなかった。

お店を始めるにあたって母親の賛同は欠かせません。物件を契約する時や融資の申し込みなどで、保証人という問題が発生するからです。さぁ、いよいよ強敵が現れました。

店をやる資格
――BGM◎ザ・ジャム『ゴーイング・アンダーグラウンド』

その年の暮れ、三歳下の弟と会う約束をしました。お店のことを話し、理解を得たかったからです。別にお金を借りたいとか、何かをしてほしいとかじゃありません。母親を説得するための味方になってほしかったのです。同じ男として、ボクの夢をわかってくれるはずだ。

仕事の後、渋谷で待ち合わせて、あるお店に行きました。ボクが20代の頃、何度か行ったことのあるお店です。70年代のロック喫茶、あるいはジャズ・バーといった、怪しくてノスタルジーを感じさせるその古いお店は、やはり音楽をウリにしており独特の雰囲気を持ったお店でした。壁にはジャニス・ジョップリンやニール・ヤングのポスターが貼られ、やはり70年代のロックが流れていて、知る人ぞ知る隠れ家的なお店です。

残念ながら、弟も反対でした。

「金がないんだろ。金がないヤツにお店をやる資格なんてないんだよ。あたりまえじゃねぇか」

「おまえよぉ、男のそうゆう気持ちとかわかんないのかよっ。金がなくたって、立派なお店を作ってみたいんだよ。それが夢ってもんだろぉ」

「ふん、兄貴はいつだって甘いんだよ」

「なんだとぉ、この野郎っ」

とうとう言い争いになりました。ボクは完全に孤立することになったのでした。

しかし、ボクにはそのお店が強く印象に残ったのです。どうせいい立地ではお店はやれないだろう。それならこのお店みたいに、隠れ家的なお店を目指そう。誰もがふらっと入れるお店じゃなくて、ボクのお店を目指して来てもらうんだ。ボクのお店を好きだって言ってくれるお客さんを掴むんだ。


『トーキョー・トンガリキッズ』

ちっぽけな夜空　かすかに星クズ
24時間動き続ける街で
ぼくはひそかに計画している
仲間がいるんだ

いつの時代だって新しいものを

受け入れられない人がいるもんだよ
時が経ったらきっとわかるだろう
自慢できるかな　さぁ始めよう

ひとりじゃつぶされそう眠れない夜
ぼくを動かすものは熱い想い

ぼくを支配するすべてのものに
さよならしよう
ぼくは自分の足で歩くよ
抱えてるのはロンリーハーツ

生意気なヤツだってよく言われるよ
好かれるために笑うなんてできない
どうでもいいことはどうでもいいこと
大事なことからさぁ始めよう

ひとりがさびしいのは誰でも同じ
ぼくは埋もれたくない　忘れないで

ぼくを支配するすべてのものに
さよならしよう
ぼくは自分の足で歩くよ
抱えてるのはロンリーハーツ

お店が作品なんだ——BGM◎エルヴィス・コステロ『オリヴァーズ・アーミー』

夢ってのはあきらめたらおしまいです。あきらめない限り、夢はずっと追いかけていられるのです。自分からあきらめるなんてできるか。ボクは真剣にお金のことを考え始めました(遅いよ!)。

ボクの家にある貯金などの現金は100万円そこそこです。いくらあれば、お店ができるんだろう。池袋にある国民金融公庫を訪ねてみました。本などで調べた限りでは、お店などを始める資金を貸してくれる窓口になるところです。ただし、審査があるとのこと。あたりまえですが誰にでも貸してくれるわけではないのです。受付用紙が用意されていました。そこには、始めたい事業の内容や始める場所、借りたい金額の内訳などと細かい項目がありました。ボクはただ相談に来たつもりでした。窓口でその旨を伝えましたが、まるで取り合ってもらえませんでした。向こうからすれば、場所も決まってなければ、家賃も借りたい金額も決まってないような話に、何も答えることはできないというわけです。まぁお役所仕事みたいなもんです。

ボクはいつか勝負をかける時のために、今は少しでも準備をしておこう。そして少しでも、借りる金額を安く抑えようと思いました。

イスやテーブルを作るかたわらで、料理の試作を始めました。いろんな料理の本を買い込み、休みの日に作ってみるのです。使えそうな料理はレシピにまとめておきました。一食のためにスーパーで食材を買うのは、大きな無駄でした。それでも今のうちにメニューをたくさん用意しておくのだ。できることは今やっておこう、それだけでした。


お店の構想は、出来上がっていました。名前は『★マッシュマンズ★カフェ★』。ボクが20代の頃、音楽をやっていた時のニックネーム『マッシュ』からつけた名前です。キャラクターとして、『マッシュくん』なる顔のロゴも描きました。

しっかりとした料理のあるカフェ。お客さんがだらだらと過ごせるような、アットホームなお店にしよう。お店の中にはボクが手作りしたものがあれこれと飾ってあって、どんなお店とも比べられないような個性的なお店にしてやるんだ。飲食店だけれど、飲食店の枠ではおさまらないようなお店。一度来たら絶対忘れられないお店。若いコたちが、自分たちのお店だって感じてくれるような、そんなお店です。そう、お店自体がボクの作品なんだ。ボクは、お店という作品を作るんだ。ボクは燃えていました。

そうして年は暮れ、2002年を迎えるのでした。

『夢は消えない』

あんまり頭が良くないからさ
うまく言葉にできないんだけど
このままじゃいけないってことはわかってる
同じこと感じてるんだろ

変わろうよ　変わらなきゃ
勇気　勇気　勇気を出そう
変わろうよ　変わらなきゃ
負けん気だけは強いんだ

あぁ夢は決して消えない
あきらめるのはいつも自分
あぁ夢は決して消えない
あきらめなきゃいつか

すごい人すごいことすごいショックだった
打ちのめされたよあの日あの時
どうしようか　もう自信なんてなくなった
それでも悔しいこのままじゃ

変わろうよ　変わらなきゃ
勇気　勇気　勇気を出そう
変わろうよ　変わらなきゃ
負けん気だけは強いんだ

あぁ夢は決して消えない
あきらめるのはいつも自分
あぁ夢は決して消えない
あきらめなきゃいつか

夢に向かう時にはこいつを聴こう。
—ハートを揺さぶる12枚の名盤たち—

ザ・ローリング・ストーンズ
「スティッキー・フィンガーズ」（71年）

ノッてるヤツにはかなわない。ご存知世界最強ロックバンド、ローリング・ストーンズのまさに全盛期、絶頂アルバム。ケチのつけどころがないってのはこうゆうことを言うのだ。

ボブ・ディラン
「追憶のハイウェイ61」（65年）

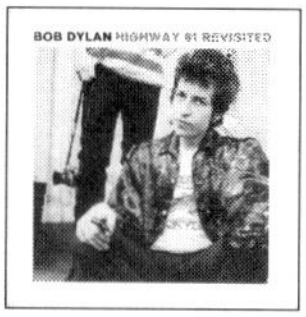

フォークでデビューし、エレキギターに持ち替えたディラン。当時のディランとビートルズはお互いに意識し合っていたらしい。65年、ついにディランはビートルズを超えた。夢にライバルの存在は欠かせない。

ザ・クラッシュ
「ロンドン・コーリング」（79年）

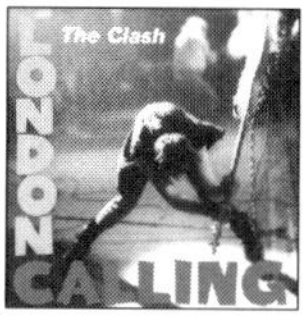

ロンドン・パンクの代表バンド、ザ・クラッシュの意欲作。パンクからロックへ。安住することなく、常にチャレンジする姿勢を教えてくれる。しかもカッコよく。

ブルース・スプリングスティーン
「明日なき暴走」（75年）

ボーン・トゥ・ラン。すべてのキッズの合言葉。当時25歳だったボスが、完璧にこだわった音世界。小さな世界から抜け出しちまえよ。ここには大きな世界が広がってるぜ。

プラスティック・オノ・バンド
「ジョンの魂」（70年）

ビートルズ解散後のジョン・レノンの実質的ファースト・アルバム。地位も名誉も手に入れたジョンの裸の歌。美しく、力強く､そしてあまりにも重い。この勇気を見習いたい。

トム・ウェイツ
「土曜日の夜」（74年）

うまくいかないこともあるさ。まぁ、一杯やれよ。まだ正統派（？）シンガーソングライターだった頃のトム・ウェイツ。心を溶かすトムの歌声に誘われて。ピアノも酔っ払ってるぜ。

夢に向かう時にはこいつを聴こう。
—ハートを揺さぶる12枚の名盤たち—

ザ・ブルーハーツ
「1st」（87年）

ブルーハーツが嫌いなヤツなんて信じるな。やさしい言葉に隠されたヤバい歌たち。どんなに時代が変わっても、このアルバムの価値は変わらない。少年少女の永遠のバイブル。

サム・クック （85年）
「ライヴ・アット・ザ・ハーレム・スクエア・クラブ,1963」

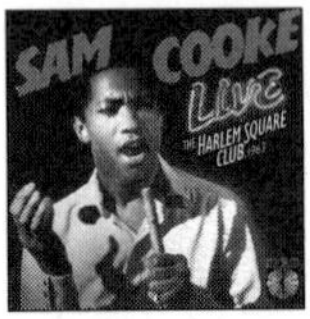

この一体感、このテンション。観客を巻き込み、絶頂へ登りつめる天才ソウル・シンガーの壊れっぷり。まさに壊すことから始まる世界があるのだ。うまく唄う必要なんてないんだぜ。

ハウンド・ドッグ・テイラー&ザ・ハウスロッカーズ
「1st」（71年）

ブルースマンの異端児がボトルネックで暴れ回る。こんなブルースもありなんだ。いや、これはまさにロック。既成の概念に縛られるなよ。自分のスタイルでやればいいんだぜ。

ジャニス・ジョップリン
「パール」（71年）

結局人の心に響くのは魂なんだ。魂込めた歌声には、うまいとかヘタだとかそんなチンケな世界なんてどっか行っちまう。あんたも魂込めてやってごらん。そう言われているような気がする。

RCサクセション
「ラプソディー」（80年）

忌野清志郎率いる、日本の誇る伝説のバンド。RCの快進撃はこのアルバムから始まった。日本中のキッズがこのアルバムにヤラれたんだ。当時こんな音楽はなかった。日本にロックの時代を切り開いた。

スティーヴィー・ワンダー
「キー・オブ・ライフ」（76年）

天才がその天才っぷりを証明した。黒人だって、盲目だって、どんなハンデをしょってようと世界の頂点に立てるのだ。音楽にジャンル分けなんて無用。この圧倒感にはただひれ伏すしかない。

第二章

Answer Is Blowin' In The Wind

——アーティスト魂——

LOVE & PEACE
それでいいはずなのにね。

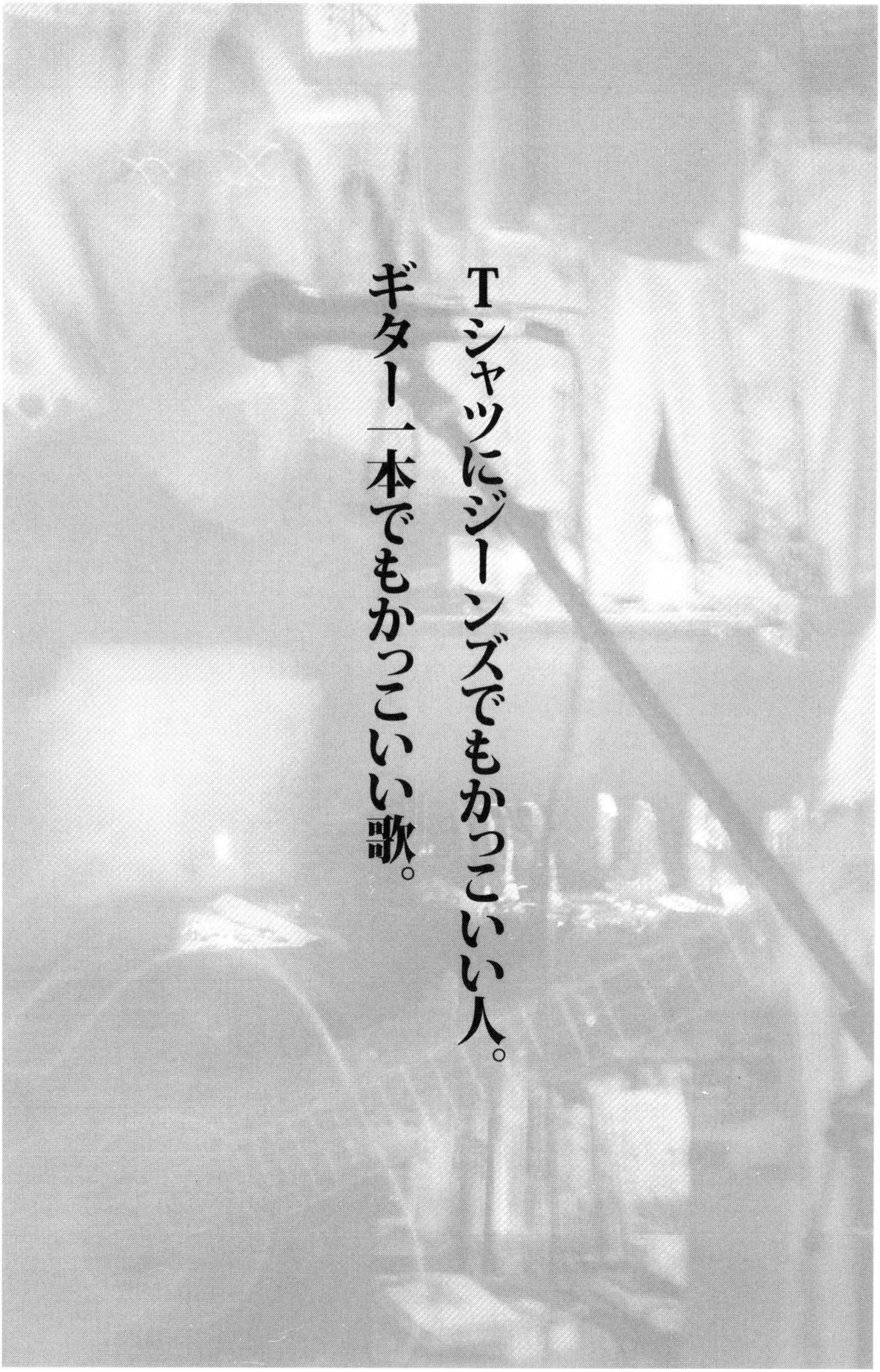

Tシャツにジーンズでもかっこいい人。
ギター一本でもかっこいい歌。

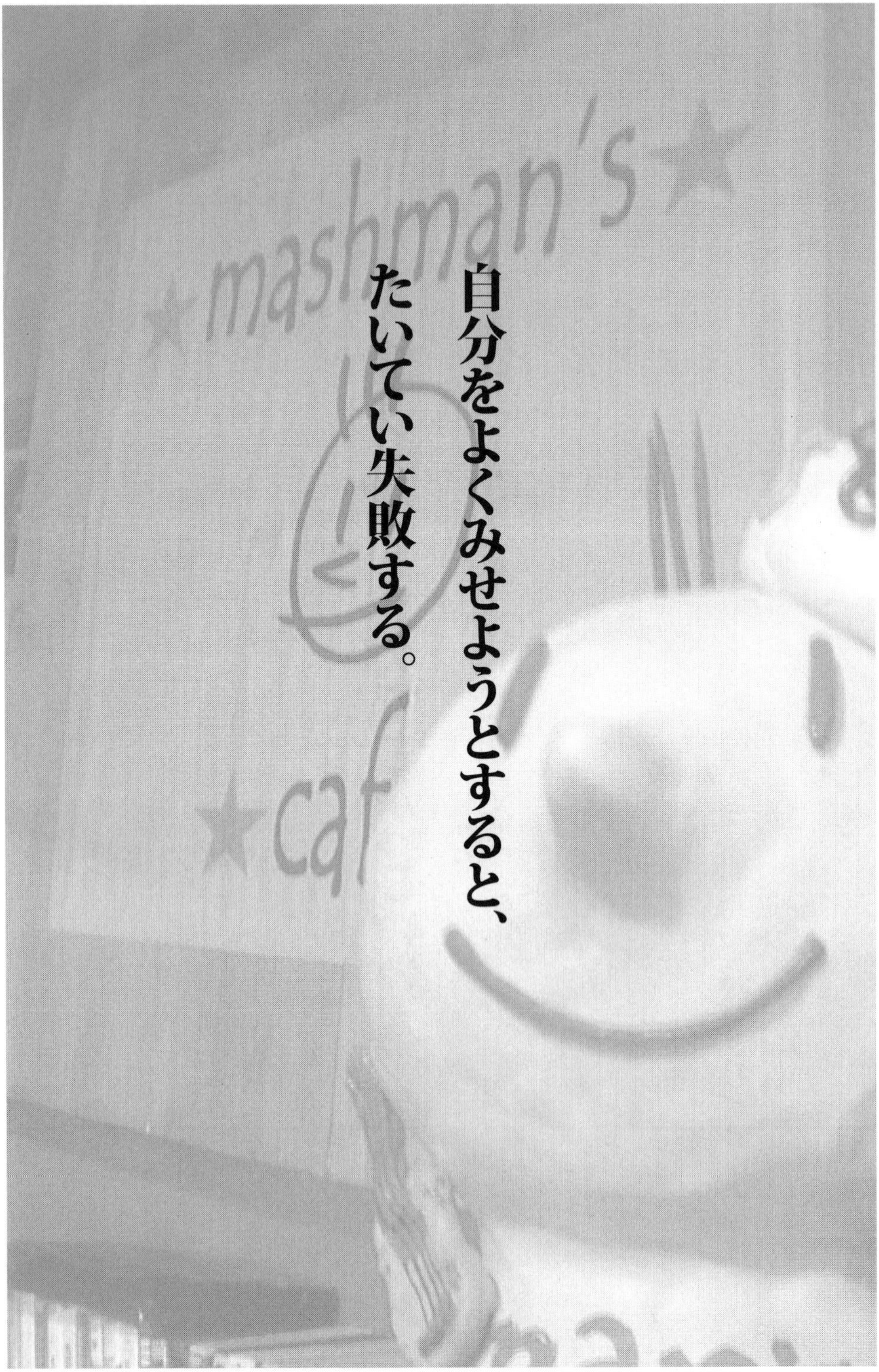

自分をよくみせようとすると、
たいてい失敗する。

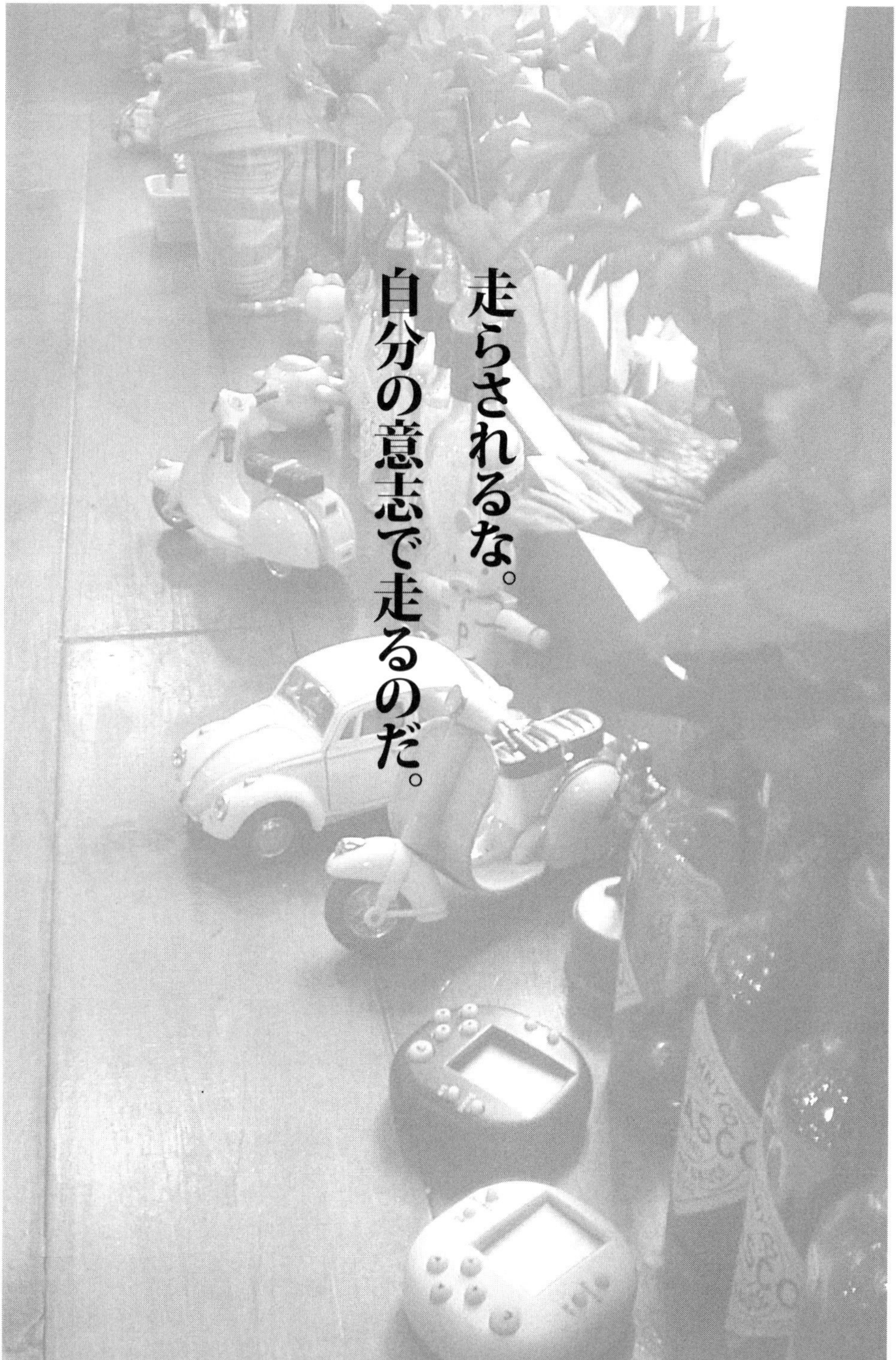
走らされるな。
自分の意志で走るのだ。

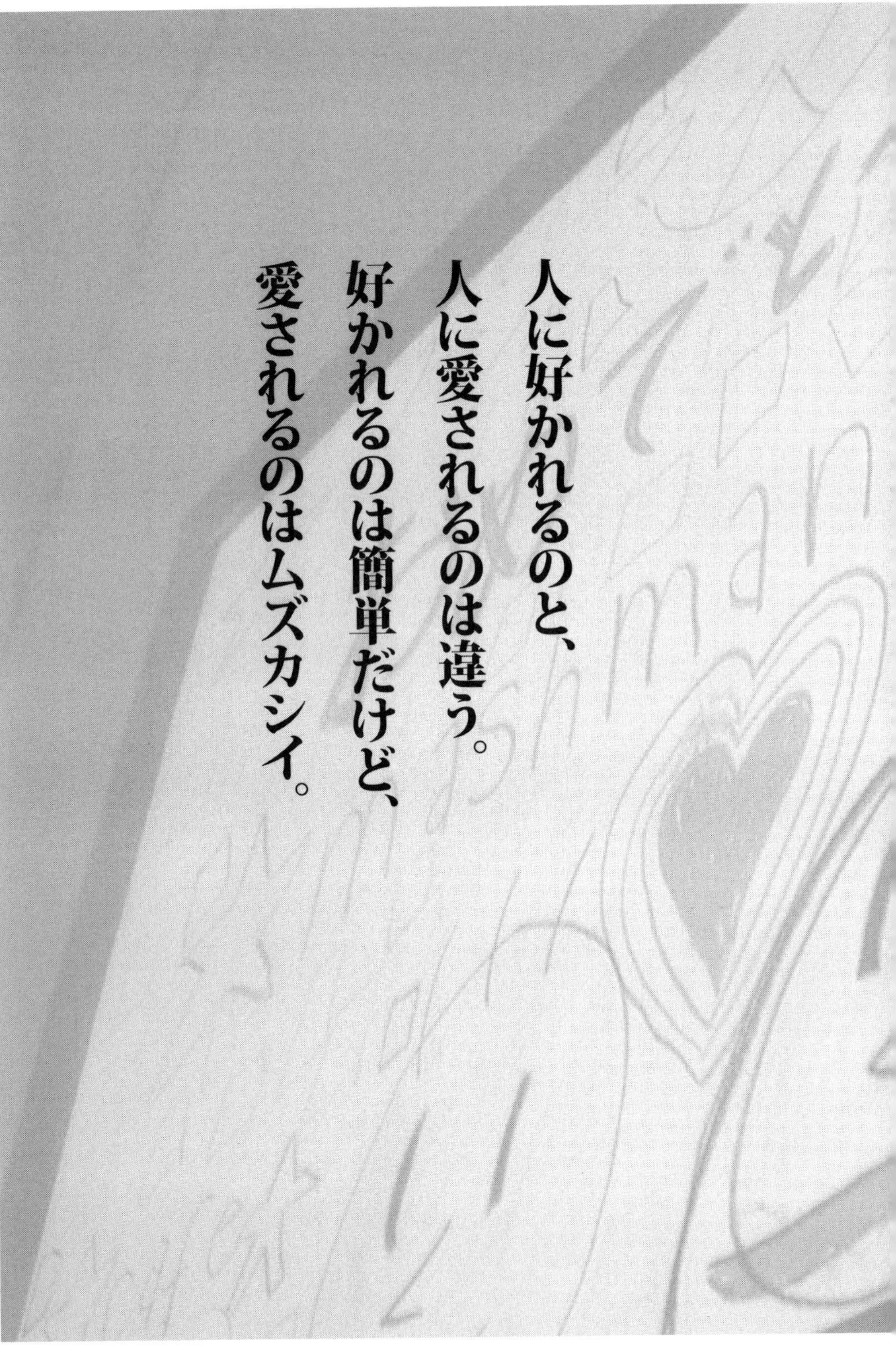

人に好かれるのと、
人に愛されるのは違う。
好かれるのは簡単だけど、
愛されるのはムズカシイ。

本気の恋だぜ──BGM◎スティーヴィー・ワンダー『スティ・ゴールド』

ボクは19歳の時に、人生で決定的な恋をしました。今のボクを作り上げる原点になるような恋でした。

大宮の実家に住みながら、大学生だったボクは、駅前近くの繁華街にあるコンビニで深夜のバイトをしていました。いわゆるレジ打ちや商品の陳列です。場所がらか特殊なコンビニで、深夜の2時、3時頃になると、夜のお仕事を終えたきれいなお姉さんたちが、食べ物などを買いにどっと押し寄せて大ピークが来る、そんなお店でした。だんだんお客さんとも顔なじみになり、きれいなお姉さんたちと親しく話をするようになりました。いやいや、からかわれてると言った方が正しいかな。なんてったってボクは19歳の小僧だったもんで。

たいていの方がスナックで働いているようでした。親しく話せるようになったお姉さんが、男の人と一緒に来てがっかりしたりしました。夜の商売の世界は、ボクにとって未知の世界で少し魅力的でした。なんてったってみんなきれいだったから。

そんなお客さんに混じって、ボクはある女の子が気になり出しました。とてもかわいいのだけれど、他のお客さんとどこかムードが違うのです。漂う雰囲気が憂いを帯びているとでも言うか、何か悩みでも抱えているような、そんな影を持った女の子でした。その娘は毎日のように来ていました。たまに来ない日があると、今日はどうしたんだろう、仕事に出てないんだろうかと心配になりました。

ある時ボクは勇気を出して話しかけてみました。

「ここんとこ来なかったけど、お仕事休んでたんですか？」

彼女はびっくりしたようでした。あたりまえです。

「風邪ひいちゃってて」

ボクは感激でときめきました。なにしろ19歳の小僧ですから。次の日、その娘が来る時間がどんなに待ち遠しかったことか。小ざかしいことなんてできないボクは、ズバリと聞いたのでした。

「電話番号教えてくださいっ！」

やっと電話番号を聞き出せたボクは、すぐに会う約束をしました。ボクらは深夜のわずかな時間にデートを重ねるようになるのです。ボクがバイトのない日に彼女の仕事が終わるのを待って、24時間営業のファミリーレストランで二、三時間話をする。そんなデートです。夜中に家のクルマを借りて出かけていく不良息子に、よく親は何も言わなかったもんです。

彼女はボクと同い歳でした。岡山県の出身で、高校生だった時にある芸能プロダクションのような所から誘われ、芸能界デビューを夢見て上京したそうです。親戚の方がいたので、そのすぐ近くの大宮に部屋を借り、夜間の高校に通っていたとのこと。昼間はアルバイトをして生活費を稼ぎ、ダンスや歌のレッスンを受けていたけれど、生活がきつくなってレッスンは続けられなくなり、芸能界への夢は半ばあきらめたのでした。そして高校卒業も間近になってスナックで働き始めたというのです。これから先どうしよう、そんな時期にボクと知り合ったのでした。

ボクは彼女をすごいなぁと思いました。ちょっとしたカルチャーショックでした。ボクを含め、周りの友達たちはみんないい加減で遊び回っているのに、彼女は生活という大きな荷物をしょって生きてるんだ。夢に向かってがんばってきたんだ。ボクは自分が恥ずかしくなりました。親の金で大学に行って、人生の夢も目標もなく、ただダラダラと毎日を生きている。ボクには彼女と付き合う資格なんてない、そんな気分でした。

それでもボクは彼女と一緒にいたかったのです。彼女の部屋に転がり込むように、一緒に過ごす時間が増えていきました。

ある時彼女と二人で、近くに住むという親戚の方に会いました。ボクはまるで彼女の親に会うような気持ちでとても緊張しました。そして、大学生である自分がたまらなく悔しく思いました。その時のボクと彼女は、まるで別の世界に住んでいたのです。

ボクはこの娘と付き合いたい。何か力になりたい。ボクは決意しました。大学なんて辞めて、ボクも働こう。彼女と一緒に生活をするんだ。そして彼女には、昼間の仕事に就いてもらって楽させてやりたい。
反対する親を振り切って、大学を辞めました。大学はもうボクにとってどうでもいい場所になっていたのです。彼女と一緒に住むことにしましたが、もちろん親には内緒です。やりたいことがあるんだ。独立したい。それだけを告げて、東京は練馬に小さなアパートを借りました。彼女は最後までボクと一緒に生活することをためらっていましたが、強引に説得しました。オレに賭けてくれ。ボクが人生で初めて見せた『自分の意志』でした。
ボクは彼女と知り合うことで、初めて自分の人生をスタートさせたのです。男として、本気の恋だったのです。19歳の春でした。

ボクは池袋の喫茶店でアルバイトを始めました。彼女も池袋で事務仕事を始めました。二人の生活はとても楽しく、しあわせな日々でした。夏には部屋の窓から豊島園の花火が見えました。軽井沢に旅行に行きました。女の子との初めての旅行でした。裕福な暮らしではなかったけれど、ボクらには若さという大きな武器がありました。若さで何でもできる、何でも乗り越えられると思っていました。その若さがいずれ弱点になるとは、その時に気付くわけがないのでしたが。

ボクは、彼女に対して小さな劣等感があったのです。何も自慢できることのない自分に自信がなかったのです。何かやりたい、彼女に認めてもらえるようなことをしたい。そうしてボクは、学生時代の友達を誘いバンドを組むのでした。その頃のボクに、やりたいことなんてそのくらいしかなかったのです。

中学生でギターを弾き始め、高校生の頃は同級生でバンドを組み唄っていました。いつの時代にもどこにでもいる、ロック好きの小僧にできることなんてそんなことくらいです。

休みの日に、彼女とよく原宿に行っていました。その頃原宿では『ホコ天』といって、路上で踊っているグループや演奏しているバンドなどがたくさんいました。ボクはその雰囲気が大好きでよく行っていたのです。路上で演奏しているたくさんのバンドを見ながら、ボクも刺激を受けていたのでした。

バンドは四人組。ボクがヴォーカルで、ギターの親友と一緒にオリジナル曲を何曲も作りました。練習スタジオでリハーサルを重ね、ライヴハウスに出演するようになりました。何度かライヴを重ねると、ボクらにファンがつき出しました。ライヴのたびにファンが増えていきました。チケットがどんどん売れるようになっていきました。ほとんどが高校生の女の子たちです。ボクはすっかり有頂天でした。なんでもうまくいくような気になっていました。そして、どんどん音楽活動にのめり込んでいくのです。念願だった『ホコ天』でもライヴをやりました。当時ホコ天で一番人気だった『ジュン・スカイ・ウォーカーズ』のまん前で演奏しました。青い空に向かって唄うのは、とても気持ちのいいものでした。
もしかしたら、このまま続けていけばプロになれるかもしれない。一緒にライヴをしたことのある、周りのバンドたちもどんどんデビューしていきました。いつかはボクらも。大好きな彼女との生活、順調な音楽活動。今がこのまま続けばいいと願っていました。彼女と一緒に生活を始めた頃とは毎日ががらりと変わったけれど、きっとうまくいくはずだ。今のオレなら何だってできるぜ。
しかし、いい時は長く続かなかったのです。ボクは彼女の様子が変わったことに、まったく気付いていていなかったのでした。

『同い歳』

知り合ったのは深夜のコンビニだった
俺は学生アルバイト　ただの小遣い稼ぎさ
あの娘は2時半になるとやって来る
ほんの小さな恋だった　俺あの時19

声をかけるのに3ヶ月もかかったよ
スナックで働いてる　少しショックだったけど
自分の力で生活をしているあの娘
親の金で大学に行っている俺

同い歳なのにあの娘は大人だった
あの娘を超えることが俺の課題だった
男に生まれたから　この恋実らせるために

初めて夜を明かした　あの娘のアパートで
なのに抱くどころか触れることもできず
眠れずに窓の外朝日が射し込む
あの娘の寝顔見て俺は自分を恥じた

あの娘には夜の仕事を辞めてほしかった
なのに今の俺何も言えるわけないから
退学届け出したんだ　その足で

あの娘の部屋へ　頭を下げて頼んだよ

新しい部屋　二人で暮らし始めた
なのに俺と来たらロックバンドに夢中になっていく
ただ俺はいかした姿をあの娘に見せたくて
おかげでバイトは続かず生活が崩れ出す

あの娘の帰りが遅くなる　すれ違いの日々
後で知ったよ　昼間の他に夜もアルバイト
やっとライヴハウスで人気が出だした頃
あの娘は倒れ救急車で運ばれた

病院のベッドであの娘は眠ってた
俺は自分の無力に情けなくて泣いたんだ
次の日遠くからあの娘の親がやって来て
部屋に戻ることなく連れ去られた

あの娘だけがいない部屋に取り残された俺
やっと回りが見渡せた　気付けば23
別れ際のあの娘の言葉が離れない
私の代わりに早く夢を叶えてね

電話であの娘と約束した　いつかまた
体を直してこの部屋に戻って来ると
バンドは続かず俺は小さな会社に入り
まじめに働いてる　まともにならなきゃと

あの娘との未来のために今日を生きてた
それでも夜ごと襲いかかる孤独感に
自分を支えるのがやっとだった
このままでいいのか疑問が広がっていく

そんな頃昔の仲間から誘われた
もう一度唄ってみないか　待ってるからと

悩んだよ　あの娘の顔を思い浮かべて
でも唄うことで自分を取り戻せる気がした

音楽にのめり込むごとにあの娘が遠ざかる
会社を辞めてアルバイト同じことの繰り返し
もう唄うことをやめられない　やめたくない
おまえのために俺は自分を捨てられなかったんだ

同い歳なのにあの娘は大人だった
あの娘を超えることが俺の課題だった
男に生まれたから　この恋実らせるために

『長距離電話』

真夜中に突然かかってきた電話
聞き覚えのある声　耳を疑った

もう何年も前に一緒に暮らしてた
おまえからの長距離電話

あの頃の俺たちあまりにも若すぎて
生活を支えるのがやっとだった
俺はあてのない夢ばかり追いかけていた
おまえは俺に愛を求めていた

結婚するかもとおまえが言う
俺は相変わらず歌を唄ってる
うまく行きそうだと見栄を張った
今でもおまえを愛してるから

奪うだけ奪い何も与えられないのは
今も変わらない

一度だけ行ったおまえの街思い出し

まるで時が戻ったような気がしてる
俺とおまえをつなぐ長距離電話
最後の糸が切れようとしてる

張り裂けそうなほど胸が痛む
俺は相変わらず大人になれない
いい娘ができたよと見栄を張った
今でもおまえを愛してるから

奪うだけ奪い何も与えられないのは
今も変わらない

ボクのマネージャー——BGM◎ラモーンズ『ドゥ・ユー・リメンバー・ロックンロール・レディオ』

そのコと知り合ったのは23歳の頃でした。まだ高校生だったそのコ、フミちゃんは、やはりロックが好きですぐに仲良くなりました。ボクは一緒に住んでいた彼女と別れた後で、ずっとその恋を引きずっていました。男として自信をなくしていた頃だったのです。彼女は高校生だったこともあって、ボクには気が楽でした。自然に恋人同士になりました。ただボクにとっては軽い恋だったのです。少なくともはじめは。

フミちゃんはボクを生き返らせてくれました。明るくて元気で、一緒にいるだけで楽しい気分にさせてくれました。

フミちゃんの家は五階建てのビルで、一階と二階がフミちゃんの家、三階から上は賃貸のワンルームとして貸していたのです。ある時部屋が空いたというので、ボクはそこに引っ越すことにしました。彼女の部屋の真上でした。窓を開けて下を覗くと彼女の部屋の窓なわけです。

音楽活動を再開してしまったボクは、かなりの貧乏暮らしでした。思うようにバイトができなくなっていたからです。よく彼女にゴハンをご馳走になりました。音楽活動におけるいろんな仕事も手伝ってもらいました。彼女が言ってくれる、ボクのライヴの批評はとても厳しく、そして的確でした。ライヴの善し悪しなんてものは、やってる本人にはわからないものだったりします。彼女の感想はボクの指標になり、だんだんマネージャーみたいな存在になっていました。

ある時横浜にある有名なライヴハウスで行われる、ロックイベントに出演の依頼が来ました。出演者はロックバンドばかりなので、間にソロシンガーの弾き語りを挟みたいとのこと。ロックを感じさせるソロシンガー。まさにボクにうってつけです（ホントか？）。ボクは彼女と一緒に、ギターを抱えて会場へ行きました。今までボクが唄ったことのあるどんな場所よりも立派な、かなり大きいライヴハウスでした。出演者も半分はプロのバンドです。デビューしたばかりの、若手のロックバンドたちでした。ボクはギター一本で気持ちよく唄いました。ステージは広くて、ボクには不似合いだったと思うけれど、こんないい場所で唄えることがうれしかったのです。ボクは自分の出番の後、客席でフミちゃんと一緒に他のバンドのライヴを楽しみました。

「やっぱりプロのバンドはすげぇなぁ。ビートがビシバシ来てたもんなぁ」

帰り道のボクの言葉に彼女はこう言ってくれたのでした。

「うん、すごかったね。でもマサミも負けてなかったよ。お客さんみんな釘付けだったもん。いいライヴだったよ」

『ピアノマン』

調子のいい時にはてんで忘れてるのに
つらい時にはあんたのことを思い出すのさ

煙草とアルコールの匂い立ち込める店
薄暗いステージであんたは唄い出す

かぶったハンチングの
奥に光る瞳
同じ匂い感じるのさ
あんたの歌に

ピアノマン　ピアノマン　ピアノマン
今夜も聴かせていつもの歌を
ピアノマン　ピアノマン　ピアノマン

すべての寂しがり屋のため

まるで俺の心の中を知ってるように
言葉のひとつひとつが痛いほど突き刺さる

優しさに触れたくて
自分を取り戻したくて
なんて哀しくせつないのさ
あんたの歌は

ピアノマン　ピアノマン　ピアノマン
今夜も聴かせていつもの歌を
ピアノマン　ピアノマン　ピアノマン
すべてのハミ出し者のため

あんたならわかってくれるよね
ひとりになるのが怖くて

いつもウソをついてしまう
わかってるのに

ピアノマン　ピアノマン　ピアノマン
今夜も聴かせていつもの歌を
ピアノマン　ピアノマン　ピアノマン
すべての寂しがり屋のため

ボクの血筋——BGM◎ジョージ・ハリスン『マイ・スイート・ロード』

父とふたりで一度だけ飲んだことがありました。26歳の頃です。ボクは父のことをテーマに曲を作ったばかりでした。その時にボクは父のことを何も知らないことに気付いたのです。ボクも少しは大人になり、父がどんなふうに生きてきたのか知りたいと思いました。仕事でたまたま銀座に来たボクは、父の会社が近くだったので電話をかけたのです。ボクはもう家を出て独立していたので、父と顔を会わすこともほとんどなくなっていました。ましてや、父と二人で外で会うなんて初めてのことです。銀座のど真ん中の、かなり高級そうな寿司屋へ連れて行ってくれました。

『FATHER』

俺の親父は25で結婚して
26になると俺が生まれた

働き通した　帰りはいつも真夜中
35で郊外に家を建てた
大人の代表が親父だったんだ

俺は19で親父から独立した
今じゃ俺26　世代が変わった
なのに俺社会に根っこを生やすことなく
東京のはずれでアパート暮らし
時が経つことが成長じゃないんだ

どこにも所属せず自由なふりをして
不安をひた隠してるのはあんたの息子さ

FATHER　選んだのは親父とは違う道
FATHER　いまだ自分に答えを出せずにいる
FATHER　超えられるのだろうか

責任を背負わずに言い訳ばかりして
自信だけで食いつないでるのはあんたの息子さ

FATHER　選んだのは親父とは違う道
FATHER　いまだ自分に答えを出せずにいる
FATHER　超えられるのだろうか

父から聞く話は、まるでボクが知らなかったまったく初めてのことばかりでした。作家の息子だった父は、早稲田の付属高校に通っていたこと。でも早稲田大学には行かなかったこと。

「なんで？　なんで早稲田大学に行かなかったの？」
「オレはなぁ、歌手になりたかったんだよ」
「カシュゥ？？？」

ボクにとってはまるで驚きの言葉でありました。親父が歌手に？　確かに父は音楽好きで、実家にはピアノもあったし古いクラシック・ギターもありました。中学生だったボクはそのクラシック・ギターを勝手に、それもピックで弾いて傷だらけにしたのでした。だからってまさか？

「歌手になりたくて作曲家の先生に弟子入りしたんだよ。だから大学には行かなかった。もちろん親には勘当されたけどな」

ボクはうれしくなりました。父もボクと同じじゃないか。自分の夢に向かって突き進んだ時があったんだ。

「おまえがうらやましいよ。アマチュアでもそうやって活動する場があるだろ。オレの時代なんて、プロにならなきゃ人前で唄うことなんてできなかったからなぁ」

ボクはうれしいのと同時に少しがっかりしました。結局ボクが音楽をやってることなんて、はじめからボクの中に仕組まれていたことのように感じたからです。

「母ちゃんはオレとまったく違うだろ。オレはいわゆるボンボン育ちで、母ちゃんは田舎の苦労人で。知り合った時ショックだったんだよ。すげぇ女だと思ってな。それで、母ちゃんの部屋に転がり込んだんだよ」

ひぇーっ。まるでボクと同じだ。これは血筋だ。ボクはただ自分の血が感じるままに生きてきただけだったんだ。参りました。

この時のことを父はとても喜んでいたと、後から母に聞きました。しかし、これがボクにとって、父とまともに話をする最後になるとは思いもしなかったのでしたが。

『メッセージ』

君の体にはふたつの血が流れてる
命のバトンを譲り受けたんだ

君が望むなら何だってできるんだよ
選ぶのは君さ　決めるのは君さ

好きなことも得意なことも
生まれた時に仕組まれてる
君はただ気付けばいいんだよ

せいいっぱいに自分を使い切ってほしい
君は誰とも違う
君はひとりしかいない
せいいっぱいに自分を使い切ってほしい

昨日でも明日でもなく
今を生きてほしい

誰かに勝つとか負けるとかが大事じゃなく
君は君らしくいてくれればいい

心が騒ぐことがあるか
気持ちを抑えつけてないか
君はただ気付けばいいんだよ

せいいっぱいに自分を使い切ってほしい
君は誰とも違う
君はひとりしかいない
せいいっぱいに自分を使い切ってほしい
昨日でも明日でもなく
今を生きてほしい

夢破れて――BGM◎マーヴィン・ゲイ『ホワッツ・ゴーイン・オン』

父が倒れたのは、ボクが27歳の時でした。その頃ボクは行き詰まっていました。ずっと続けてきた音楽も、ひとつ結果が出ていました。ある音楽関係者がボクを気に入ってくれて、デビューの話をいただきましたが、ボクはその期待に応えられなかったのです。

その方、Tさんという30代後半の方は、大手レコード会社を退職し、新たにプロダクションを興そうとしているところなのでした。将来性ある新人を発掘し、レコード会社に売り込もうとしていたのでした。そこにボクが引っかかったのです。

ボクはその頃、ソロとして弾き語りのライヴと、ロックバンドとしてのライヴとふたつの活動を平行して行っていました。月に4、5本のライヴをこなしていました。Tさんはボクのライヴに毎回顔を出してくれ、いろいろと批評してくれました。バンドのメンバーも、音楽関係者が来ていることで大張り切りです。しかし、ライヴの後にボクだけが呼び出されるのでした。

「キミはバンドスタイルの方が生き生きしてるね。基本はロック路線で行こうよ。ただし、あくまでもソロシンガーだ。ソロシンガーで売り出そう」

Tさんはボクの部屋にまで来てくれました。いろんな音楽の話をしました。この人が本気だということはよくわかりました。この人となら一緒に組めるかもしれない。ボクもその気になっていました。

こんな曲を作ってごらん、こんな詩で行こう、ライヴはこんなスタイルで、あれこれ。ボクは年齢的に後がないこともあって、その人の言う通りにやってみようと思いました。その人に気に入られようと思いました。とにかく世に出たかったのです。自分が一番好きなこと、唄うこと。その唄える環境が欲しかったのです。

曲を作っては録音して、Tさんに送りました。Tさんから連絡がきます。

「まだまだだなぁ。詩が甘いよ。きれいな言葉でにごしちゃダメだ。ズバッと言い切らなくちゃ。サビのメロディーももっと抑揚をつけて。自分の唄える一番高いところまでもってこようよ」

こんな調子でした。Tさんを納得させられるような曲はなかなか作れません。これでもか、これでもかと曲を送り続けました。ところが次第にボクは深い闇の中に入っていくのです。俗に言うスランプというやつでしょうか。まったくいい曲が作れなくなっていきました。自分が好きなように曲を作るのと、人に気に入られようと思って曲を作るのと、その違いなんです。自分の中の音楽のモノサシは、完全に狂ってしまいました。

「自分が作ろうと思える曲が作れなくて、プロの世界でやっていけるわけないだろう」
Tさんの厳しい言葉が返ってきます。ボクは自分の才能や実力のなさを思い知らされるのでした。
このまま音楽を続けていてもしょうがない。28歳になりボクは初めて就職をしました。ちゃんとした生活をしなくちゃ。夢だけじゃ生きていけないもんな。そうしてボクの音楽の夢は消えていくのです。しかしこの音楽を通じて経験してきたことが、後にボクが始めるお店『★マッシュマンズ★カフェ★』で、大きく影響することになるのでしたけど。

『ミラクル』

昨日と同じ一日
明日も大体わかってる
退屈な毎日の中で
ボクはクサっていきそう
抜け出したいんだ
このまま終わりたくない

何かをギセイにしなけりゃ
何も手に入らないぜ
何かをブチ壊さなけりゃ
何も変わりはしないぜ
ずっと待っていた
奇跡を起こすチャンスを

ミラクル　ミラクル　ミラクル
自分を変えるミラクル

なりたい自分になるんだ
変わるきっかけをつかむんだ
不満を抱え込んでいる
自分を嫌いになる前に
抜け出したいんだ
このまま終わりたくない

ミラクル　ミラクル　ミラクル
自分を変えるミラクル

平凡な大人に——BGM◎ウィーザー『ザ・グッド・ライフ』

28歳にして初めて就職をしました。渋谷に本社のあるアクセサリーメーカーで、実際にアクセサリーを作る仕事に就きました。これでも手先は器用なもんで。

会社勤めを始めたボクは、だんだん元気をなくしていました。新しい仕事にも慣れ、社会人としての平凡な毎日。人並みにお金を得るようになったボクは、何か刺激を得たくてフミちゃんと一緒にロス・アンゼルスに旅行に行きました。ボクは29歳、フミちゃんはまだ23歳です。観光地には目もくれず、現地の人が遊んでいるような場所を目的に行動しました。少しでも現地の人と触れ合いたかったのです。フミちゃんが行きたがったチャイニーズシアターやビバリーヒルズは、まるでボクには興味がありませんでした。

休日のヴェニス・ビーチはとても華やかで、まるで原宿のようなにぎわいでした。ストリートパフォーマンスのレベルの高さに心打たれました。夜のライヴハウス『ウィスキー・ア・ゴー・ゴー』では、出演していたアマチュアバンドと仲良くなりました（きっと日本人が珍しかったんだと思うけど）。バンドはどれも大したことなかったけれど、昼間はあまり見ることのできなかったアメリカのかっこいい若者であふれ返っていたことにワクワクしました。メルローズ・アベニューのコーヒーハウスでは店員さんと話し込み（もちろんカタコトですが）、深夜のサンセット・ブールバードでは怯えながら歩き回り、楽しい時間を過ごしました。カリフォルニアの空はとても青く、乾いた風が吹き抜けます。いい土地だなぁ、今度はもっとゆっくり来たいなぁ。しかし、この旅行で大きな刺激を受けたのはボクではなく、彼女の方だったようです。

それからしばらくしてボクらは別れることになりました。夢をなくし、平凡な大人になってしまったボクには、彼女をつなぎとめる魅力などもうなくなっていたのです。彼女はボクの未来に夢を感じられなくなったのです。そして彼女は日本を捨て、今度はサン・フランシスコへ旅立って行きました。

ボクは彼女に出会って救われたのでした。楽しい20代を彼女にもらいました。そして彼女はボクを踏み台にして、羽ばたいて行ったのでした。

『そのうちなんとかなるだろう』

あの娘と池袋で飲んだくれ
気付けば終電間に合わず

あの娘のおごりで飲み直し
いいのか俺でと聞いてみる

そのうちなんとかなるだろう

そりゃぁ昔はたくさんの
夢も希望もあったけど
抱えきれずに消えてった
それでも捨てられぬ夢がある

そのうちなんとかなるだろう

何年生きても変わらねぇ
やってることは昔と同じ
しょうがねぇ俺だもの
あの娘がいるだけもうけもの

そのうちなんとかなるだろう

グチを言えるほど偉くもねぇ
人に嫉まれるほどずるくもねぇ
ひとりになれるほど強くもねぇ
あの娘に悪くてしょうがねぇ

そのうちなんとかなるだろう

店出りゃほんのり明るくて
新しい一日が始まるよ
今日も仕事があるけれど
かまわずあの娘とキスをした

そのうちなんとかなるだろう

しあわせにしたい

——BGM◎キャロル・キング『ナチュラル・ウーマン』

フミちゃんと別れてしまったボクの中には、ぽっかりと大きな穴が開いてしまったのでした。フミちゃんはボクの毎日の中で、大きな存在だったことを思い知らされるのです。

仕事も昇格し生活にゆとりもできたけれど、心の中は空っぽでした。自分の中に何も作り上げてないことに気付くのです。今のオレには何もない。未来の希望も、自分を支えてくれるものも、何もないんだ。ボクはただ意味もなく遊び歩いていました。

仕事は難なくこなしていました。アクセサリーの制作やショップ展開の指導など、企画室のリーダーとして働いていました。決してやる気マンマンなわけではなかったけれど、まぁ、要領がよかったんです。

会社では定期的に販売員さんを集めて会議を開きます。その会議で、ボクはある販売員さんに心動かされるのでした。なんてきれいな人だろうってボクは見とれてしまいました。会議中、ノートに彼女の似顔絵を描いていました。

ボクらが恋人同士になるのに、時間はかかりませんでした。ボクは彼女に自分の歌の入ったデモ・テープをあげました。ボクの歌を一緒に口づさみました。ボクのひとつ上だった彼女は、早く子供が欲しいと言いました。ボクは結婚しようよと答えました。
何もなかったボクに、彼女は大きな希望でした。一緒に家庭を作りたいと思いました。彼女をしあわせにしたい。平凡でもいいから、平和な家庭と穏やかな毎日を過ごすんだ。どうせ自分には何もないんだから。ここで自分をリセットして、新しい人生を始めるんだ。
結婚式も新婚旅行もない、ただ入籍だけを済ませた結婚でした。形なんてどうでもよかったんです。ただ一緒にいる約束をしたかった、それだけだったのです。

『日曜の朝のハピネス』

日曜の朝のハ・ハ・ハピネス
ボクと君だけのラヴラヴタイム
日曜の朝のハ・ハ・ハピネス
誰にもジャマはさせないよ

目が覚めたら隣に君が寝てる
ボケた頭　朝の光はまぶしい

抱き合ってキスをして
君のくちびるから甘い声

日曜の朝のハ・ハ・ハピネス
ボクと君だけのラヴラヴタイム
日曜の朝のハ・ハ・ハピネス
誰にもジャマはさせないよ

窓の外は子供の遊ぶ声
今日は休み　まだ起きたくないよ
引っ張ってくすぐって
君のくちびるから甘い声

日曜の朝のハ・ハ・ハピネス
ボクと君だけのラヴラヴタイム
日曜の朝のハ・ハ・ハピネス
誰にもジャマはさせないよ

立派な男になるよ――BGM◎コールドプレイ『イエロー』

カミさんは見かけによらず（？）、家庭的な人でした。子供が生まれ、しあわせを実感しました。カミさんはボクと子供のことを一番に考えてくれます。週末には家族で買い物に出かけたり、おいしいものを食べに行ったり。カミさんのお父さんは、カミさんが小さい頃に病気で亡くなったとのこと。その影響もあったのかもしれません。カミさんがボクに、家庭的な父親像を望んでいたのはよくわかりました。ボクもそれに応えたいと思っていました。ただ、しあわせってのは退屈なんだということにも気付くのですが。

ボクの住むマンションには、同じように小さな子供のいる家族が何組もいます。ボクは周りの家族を見ながら、どうも自分とは違うなぁと感じていました。みんな立派なお父さんたちに見えました。同じマンションに住みながら、ボクとは違う世界の人たちに思えました。何でそう思ったのかは、自分でもよくわかりません。きっとボクがずっと音楽をやっていたことで、社会の隅っこで生きてきた劣等感があったからかもしれません。ボクは自分の中に潜んでいる、本当の自分に気付くのでした。

ボクは常に何かに向かって戦ってないと、自分を支えていられないいんだ。家庭は大事だけれど、すべてじゃない。家族のためにがんばるんじゃなくて、自分のためにがんばりたいんだ。立派なお父さんになるんじゃなくて、立派な男になりたいんだ。それが家族のためになるんだよ。ボクは自分がやりたいと思うことをやるよ。大きな世界にチャレンジしたい。ボクはもう一度ボクになるよ。

ボクの気持ちがまた外に向き出します。33歳になっていました。

『ぼくはぼくになる』

今までいつも人の目ばかり
気にしてきたんです
叶うはずもないことばかり
夢見てきたんです
ぼくにできることは
ほんのちっぽけだけど

ぼくはぼくになる

ぼくはぼくになる
大切なものはひとつあればいい
ぼくはぼくになる
ぼくはぼくになる
この世にぼくの代わりはいない

本当のぼくはいくじなしで
ただの弱虫なんです
愛してるの一言さえも
伝えられなくて
ぼくは知りたいんです
この気持ちの行方を

ぼくはぼくになる
ぼくはぼくになる
守るべきものはひとつあればいい
ぼくはぼくになる

ぼくはぼくになる
この世にぼくの代わりはいない

壊すことから始まるものが
あるかもしれないんです
捨ててしまえば手に入れられる
それは夢でしょうか
ぼくは信じています
ぼくが見ている場所を

ぼくはぼくになる
ぼくはぼくになる
本当のことはひとつ知ればいい
ぼくはぼくになる
ぼくはぼくになる
この世にぼくの代わりはいない

第三章

All Or Nothing

——勝負の時——

自分が信じられなくて、
誰が認めてくれるってんだい？

自分を好きになれなくて、
誰が愛してくれるってんだい？

変わり続けること。
進化し続けること。
俺の人生のテーマ。

直感って意外と大事。

So What? —それがどうした?—

ビビった時に効くぜ、この言葉。

比べる相手は他人じゃないぜ。
昨日の自分だろ。

オリジナルにこだわるぜ――BGM◎ザ・ポーグス『ニューヨークの夢』

２００２年正月のことです。ボクら家族三人と弟夫婦、それに母親が揃いました。父親は病気入院中です。全員で父を見舞い、実家で夕食を共にしました。ボクはお店のことをみんなに話したくてウズウズしていました。母も弟もそんなボクをわかっているくせに、知らぬふりを決め込んでいる様子です。娘はにぎやかな夕食に大はしゃぎです。

「お店のことなんだけど」

ボクはたまらず切り出しました。

「あきらめなさい」

母の強い言葉でした。楽しい場でこれ以上話すな。そんなふうに感じられました。状況は変わらずかぁ。

ボクのお店の構想はこんな感じでした。場所は池袋。池袋にはまだ、気の利いた感じのいいカフェはほとんどありませんでした。駅からは徒歩10分圏内で、大きさは20坪弱くらい。一階にこだわらなければ、家賃は20万円台くらいで収まるんじゃないか。25席くらいを用意し、お座敷を設けよう。若いコをターゲットに、だらだらとくつろげる空間にしよう。例えば、若い恋人同士が気軽に食事できる店、仲間が集まって軽く飲める店。そんなイメージでした。問題はどこまで本格的に料理をやるかでした。それによってキッチンの設備が変わってきます。当然かかるお金も変わってくるわけです。

ボクの家の近くにキッチンの中古機器などを扱っている大きなお店があることを知りました。さっそく自転車を飛ばし行ってみました。大きな倉庫のようなお店で、それはそれはたくさんの厨房機器が並んでいました。お店の人に尋ねてみました。お店をやりたいんだけど、かかるお金の目安はどのくらいでしょうかねぇ。ボクは未だに具体的なお金の目安もわからないでいたのです。お店の方は親切にあれこれと教えてくれました。そこは店舗物件の仲介や内装業者の紹介などもやっていたので、物件を借りる時の保証金の話や内装費のことなど、ボクにとってはまるで未知の世界のことを教えてくれました。ただ、物件やキッチン設備も決まってないボクに、具体的な数字はわからないのが現状なのでした。

メニューとキッチンの設備を決めなくちゃ先に進まないな。これは大問題です。パスタをやるのか、揚げ物をやるのか、ガス台のコンロは何口用意するか、冷蔵庫や冷凍庫はどの程度の容量があればいいのか。そして配置がまた問題です。水場や作業台の位置で働きやすさはまるで変わってきます。何人のスタッフでお店を回すかなんてことも関わる話です。どのくらいの売上が取れるかもわからないのに、何人のスタッフが必要かなんて、わかるわけありません。毎日毎日、時間があればキッチンの配置を考えてイラストに起こしていました。物件も決まってないのに、入り口はここで、キッチンはこの位置にしようとか、お会計はこの位置にもってこようとか。まったくの空想の世界でしたが、実はこれが大きかった。この時にしっかりイメージしていたことが後に大きく役立つのでした。

ボクにとって大きな問題は料理でした。カフェとは言っても、飲み物だけでは売上になりません。どんな料理をやるのか、自分なりの料理を作り出すことがボクの課題でした。

飲食店で働き、実際に料理を作ってはいたものの、ボクは特に料理の勉強をしたことはありません。逆にそのことを武器にしてやろうと思っていたのです。和食、イタリアン、中華、アジアン、……。ジャンルにこだわらないオリジナルの料理を編み出してやろうと思っていました。和風のパスタはずいぶん世に出回っていたけれど、中華風のパスタなんて面白いんじゃないか。豆腐をイタリアンテイストにしたらどうだろう。トマトソースとかつおだしを合わせたらどんな味になるかな。

調べてみると、ナシゴレンなんて料理もいろんなレシピがありました。ふ〜ん、何でもいいんだなぁ。ボクは独自の味付けを考えました。要はおいしけりゃいいんだ。自分がおいしいと思えて、自信を持ってお客さんに出せればいいんだ。ボクは料理の本を買い込み、たくさんの調味料を揃えました。ナンプラー、シーズニングソース、コリアンダーパウダー、クミンパウダー、ターメリックにシュリンプペースト。ボクの家のキッチンに見慣れない瓶がずらりと並びました。

リベンジは池袋で――BGM◎プライマル・スクリーム『ロックス』

★マッシュマンズ★カフェ★を作るにあたって、ボクの中には音楽をやっていた頃の経験が大きくモノを言っていました。音楽で失敗した経験を繰り返すまいという思いがあったのです。

なぜボクが音楽で失敗したのか。それは自分のスタイルを確立できなかったからでした。自分の路線を、自分で作り上げられなかったのです。確固たる自分のスタイルがないから人の意見に左右され、自分を見失ったのでした。

★マッシュマンズ★カフェ★は、誰の意見にも左右されない、ボクにしか作れないお店にしようと思いました。自分の感性や感覚、そして判断力、それだけを頼りにお店を作ろう。人に受け入れられようと思ったら、音楽の失敗を繰り返してしまう。好かれようなんて思ってちゃ個性は出せない。好きか嫌いかはっきりするもの、それが個性ってやつなんだ。10

0人が100人ともほどほどに気に入ってくれるお店ではなく、100人のうちひとりでいいから絶対的に気に入ってもらえるお店を作るのだ。自分が自信を持てるお店を作り上げれば、絶対に共感してくれるお客さんが付くはずだ。勝負する相手は世間ではなく、自分なのだ。

いよいよ勝負の時がやってきました。もうボクはじっとしていられません。いよいよ物件探しを始めることにしました。暴走機関車はさらに加速し、大爆走を始めるのです。

19歳で家を出て、初めて働いた場所が池袋でした。23歳の頃、路上で唄い始めた場所も池袋でした。はじめは仲間と三人で、日曜日の夕方に。雨の日以外、毎週ここで二時間ライヴをやりますと宣言し、池袋のパルコ前広場で活動しました。当時は今のように路上で演奏するなんてことが一般化する前の時代です。ボクは新宿の地下道で唄っている人を見かけ、これだと思ったのです。まだ池袋には路上で唄っている人なんていない。やるなら今だ。友達を口説き落としました。

楽器にアンプにマイクスタンドに。大荷物を抱えて池袋に集合です。道行く人からは白い目で見られたもんですが、ボクらは毎週欠かさずライヴを行います。次第にボクら目当てに人が集まるようになっていきました。

路上で唄うのはとても気持ちよく、楽しいものでした。なんと言っても間におカネをはさまない自由な雰囲気が好きでした。ボクらは勝手に演奏をする。興味のある人だけが、立ち止まって聴いてくれる。どうでもいい人はただただ通り過ぎて行く。たくさんの人の足を止めることは、ちょっとした快感でした。大きな拍手が湧き上がった時は感動でした。

池袋は東京の大都市ではあるけれど、けっこう閉鎖的なんです。新宿や渋谷のように遠くから人が来るというよりも、例えば電車一本で来れるような近くの人ばかりがいる街なのです。地方都市のようなカラーがありました。一度気に入ってもらえると、また来てくれる。そんな感触を掴んでいました。

ボクは三人で二時間だけ行うライヴではモノ足りなくなって、次第にひとりでも唄うようになっていきました。路上ではたくさんの人と知り合いました。モノ珍しかったんだと思います。みんないろんな夢を持っている人ばかりでした。ボクがひとりで、ギター一本で唄っていることに、刺激を受けたんだと思います。こんなボクでも人に何かを与えられる。大きな喜びでした。

その時の感覚がずっとボクの中に潜んでいたのです。お店をやるなら池袋で。一度来て気に入ってもらえたら、きっとまた来てくれるはずだ。常連客を掴める街だ。音楽ではダメだったけれど、もう一度勝負するなら池袋で。ボクにとってのリベンジなのでした。

『ステージ』

土曜の夜のストリート
俺はギターケース抱え
いつもの駅前へと歩いてく

どうしてみんなつるむのか
酒にまかせた笑い声
あの仲間にだけはなりたくない

コンプレックスが俺のエネルギー
叩かれて蓄積される
今夜俺は俺の言葉を吐き出す

ビルに囲まれたちっぽけな夜空
その向こうに未来が開ける気がした

そこが俺のステージ

昔は俺もそうだった
かっこよさはき違えてた
ちっぽけなプライド守ろうとしてた

自分を証明したくて
ダサいかもしれないけど
きっと何かが変わる俺の中で

孤独に負けちゃいけない
自信の裏側を知りたい
今夜俺は裸の俺をさらけ出す

ビルに囲まれたちっぽけな夜空
その向こうに未来が開ける気がした
そこが俺のステージ

勇気をくれてありがとう——BGM◎クリーム『クロスロード』

２００２年1月の終わり頃です。イスやテーブルの家具の製作を一区切りつけることにしました。約20席分を用意しましたが、我が家は大変なことになっていました。カラフルに色を塗った華やかなイスやテーブルが、狭い家のあちこちに積み重なっています。食事をするスペースと寝る場所をなんとかキープしているほどでした。もう後には引けません。いよいよ次は物件探しです。

休みの日に池袋へ行きました。とりあえず一軒の不動産屋に飛び込んでみました。小さな事務所におじさんがひとりでいました。

「飲食店を始めたいんですけど」

「場所は？　大きさは？　希望の家賃は？　ないよ、そんなの」

不動産屋からすれば、こいつはまるで素人だと軽く見られたんだと思います。

「お金はどのくらい用意してるの？　１００万？　話にならないよぉ。いいかいお客さん、店舗ってのは始めに保証金ってのがかかるんだよ。普通は家賃の10ヵ月分だよ。それから内装やら設備やらで、どれだけお金かかると思ってんの」

「いやぁ、国民金融公庫から融資を受けて、ん〜」

「自己資金の割合ってのがあるんだよ。いくらでも貸してくれるわけじゃないの知ってんでしょ？　悪いこと言わないから考え直しなさい」

不動産屋から説教くらってしまいました。世の中カネかぁ。ボクは落ち込みました。


物件と言ってもいろいろなタイプがあります。回ってみて初めて知ることになるのですが、借りる時の状態は様々です。部屋がまったくの裸状態、いわゆるコンクリート打ちっぱなしみたいなままのスケルトンというタイプやら、居抜きといって内装が施された状態のもの、簡単に壁や天井が塗られた状態くらいのもの、中には夜逃げして前のお店の状態そのままなんてのもありました。毎週毎週休みの度に池袋に行き、物件を見に行ってみるのですが、これだと思うものは見つかりません。長期戦を覚悟していました。

その頃ボクは会社に異動願いを出しました。他の店舗に移りたかったのです。お店を始める前にいろんな経験をしておきたかったからです。そしてもうひとつ、京子ちゃんときっぱりと別れる決心をしました。カミさんに知られてからも、ボクらはひそかに付き合っていました。でももう、彼女の気持ちに応えてはいけないと思ったのです。

彼女はボクの心の支えでした。ボクの夢をうれしそうに聞いてくれて、ボクを励ましてくれて、ボクを勇気づけてくれました。大好きだけれど、これ以上彼女に甘えるわけにはいかない。カミさんはあまり口には出さなかったけれど、苦しんでいたと思います。申し訳ないことをしました。お店を始めるためにもカミさんとの関係を修復しなくては。カミさんの理解と協力がなければこれ以上は進めない、そんな所に来ていたのです。

3月、代官山のお店に異動が決まりました。そしてその異動を機に、ボクと彼女の恋は終わるのでした。

京子ちゃん、ボクは君と出会ってなかったら、きっとここまで来れなかったよ。まだ、お店は始められるかわからないけれど、君には感謝してる。ボクに勇気を与えてくれてありがとう。

『メロディー』

君が口づさんでたあのメロディー
今でも忘れられないあのメロディー
俺の中染み込んでる

君を思い出しちまうあのメロディー

なんだか遠いことのようあのメロディー
俺の中消せやしない

君がいなけりゃ
君がいなけりゃ
こんな街色あせて見えるよ

君のお気に入りだったあのメロディー
君の横で聴いていたあのメロディー
俺の中染み込んでる

君がいなけりゃ
君がいなけりゃ
こんな街色あせて見えるよ

こいつは大勝負だ——BGM◎スモール・フェイセズ『シャ・ラ・ラ・ラ・リー』

そこを見つけたのは、物件を探し始めて二ヶ月ほどたった頃。池袋駅から徒歩4分の雑居ビルの二階でした。前の借主が退去した直後らしく、解体工事の真っ最中でした。22坪、家賃33万円プラス管理費1万5000円。ちょっと高いなぁ。こりゃ手が出ないわ。はじめはあきらめた物件でした。でもなぜか気になったのです。池袋の繁華街からははずれた場所でしたが、徒歩4分は魅力でした。周りには風俗店やパチンコ店などあまりいい環境とも言えません。ただなんとなく似ていたのです。以前、渋谷で弟と会った時に入ったお店もこんな場所にありました。知る人ぞ知るお店、常連客を相手にするお店ってのは案外こんな場所にあるんじゃないか。そんな気がしました。

はじめからいい立地でお店をやれるとは思っていなかったので、いかにリピーターを掴めるか、どれだけたくさんの常連客を作れるかが勝負だと思っていました。たまたま入ったお店が★マッシュマンズ★カフェ★というのではなく、わざわざ★マッシュマンズ★カフェ★を目指して来てもらう、そんなお店にしたかったのです。表通りよりも、一本裏に入った場所。誰もが気安く入れるお店じゃなくて、ちょっと勇気がいるようなお店。いい店見つけたぜって友達に自慢できるお店。そんなイメージにぴったりな場所だと思ったのです。

3月も終わり頃、初めて中を見せてもらいました。物件の大家さんはボクと同年代で、ビルの持ち主でもあり、ビルの管理会社の経営者でもある方なのでした。飲食店をやりたいというボクに対し、本当は事務所として貸したいという意向があるとのことでした。何もないその空間は壁も天井もきれいな真っ白で、確かに事務所仕様になっていました。思ったよりも広いなぁ。ボクの最初の感想でありました。この大きさだと30席以上のお店になるぞ。もしここでお店を始めるとなると、これはもう大勝負です。家賃を考えても、絶対にお客さんを入れないとやっていけないだろう。当然スタッフを雇うことになるだろうし、本格的な料理もやらなきゃいけなくなる。正直ボクはビビりました。

今やっている飲食店の店長という仕事、この仕事の大変さは身にしみてわかっていました。スタッフを育てる苦労や、お客さんの支持を得る努力、自分の体力的なきつさ。自分でお店を始めるとなると、さらに経営者としての資質やメニュー開発などのマーケティング能力など、大きな負担を背負うことになります。果たしてボクにやっていけるんだろうか。この期に及んで真剣に考えるのでした。小さなお店で、例えばボクひとりで細々とやっていくお店の方が向いてるんじゃないか、お金にはならなくても楽しければいいんじゃないか。いろんな考えがボクの頭の中を駆け巡りました。

決断のできないボクは、とりあえず内装業者に来てもらい見積もりを取ることにしました。この場所でお店を始めるとなると、一体どのくらいのお金が必要になるんだろう。前に行ったことのある厨房機器のお店に相談し、内装業者を紹介してもらいました。業者にはこんなお店にしたいんだということを、雑誌の切り抜きやらイラストやらで伝えました。まぁ、任せといてと業者さん。どうもよくわかってないような気もしましたが、できることは自分でやるつもりでいたのでまぁいいか。

約一週間後、物件の近くの喫茶店で業者と待ち合わせ、お店の見取り図と予算の見積書をいただきました。保証金などを合わせると、総額約1300万円。正直こりゃ無理だと愕然としました。やはり物件が大きすぎる、こりゃ出直しだと思ったのも束の間、業者さんは豊島区の融資のことを教えてくれました。自治体ごとに独自で、お店の創業や中小企業向けの融資窓口があるとのこと。物件は豊島区役所のすぐ近くでした。行ってみるといいよ。業者さんに言われるがまま、ボクは豊島区役所の融資相談窓口を訪ねてみました。

『エキストラ』

どんな奴に見えるかい　俺は君の目に

俺が望む姿に見えてるだろうか
君の中の日常という舞台じゃ
どんな役をもらっているんだろう

栄光で語られる人　憎しみで語られる人
羨望で語られる人　憐れみで語られる人
名前をもらった時から誰もが
登場人物　明日の主役は誰

人は一生をかけて
自分の役を演じるアクター
エキストラのまま終わるつもりかい
エキストラのまま終われるのかい

テレビの主役にはなれないかもしれないけれど
誰かの心の中の主役にはなれるさ
代わりのきく役なら俺は降りるよ

こんな個性じゃ通用しないかい

どんな役を演じるのか
選んでみたい俺は俺の役を
エキストラのまま終わるつもりかい
エキストラのまま終われるのかい

生まれてきたことに
意味があるなら知りたい

どんな役を演じるのか
選べるんだぜ君は君の役を
エキストラのまま終わるつもりかい
エキストラのまま終われるのかい

覚悟を決めろ——BGM◎ルー・リード『ワイルド・サイドを歩け』

融資の流れはこんな感じです。事業計画書という書類を作成し、それを基に豊島区の推薦を受けます。その推薦が東京信用保証協会という所に渡り、そこの認可を得て、信用金庫からわずかな利子で融資が受けられるのです。お店の創業の場合は上限1000万円までの融資とのこと。本来は融資希望金額と同等額の自己資金を持っていることというのが条件なのでした。しかし、自己資金が少なくても事業計画がしっかりしてれば、借りられないことはないとのこと。なんだか光が見えた気がしました。1000万円を借りられればお店を始められる。ボクは期待で胸がふくらみました。

豊島区の融資相談でボクの担当になった方は、初老の、しかしキリっとした方でした。詳しい説明を受け、作成しなければいけない書類をいただきました。この担当者さん、タダ者じゃないぞ。ボクは直感でピピッときました。きっと若い頃は、相当に仕事のできるヤリ手だったんだろうなぁ。ボクは自分の甘い考えを見透かされてるような、そんな気がして不安になりました。

そして問題なのは、推薦を受けるにあたっては、物件を契約しなければいけないことなのです。契約？　融資を受けられるかもわからないのに契約が先だって？　そうなんです。契約しなければ、他人に物件を取られちゃうかもしれないわけですから。現にその物件も、他に申し込みを受けているとのことでした。でも契約をすれば、当然家賃が発生するわけです。一ヶ月あたり約35万円ですよぉ。

さぁ、いざ勝負の時がやってきました。覚悟を決めるか、あるいはあきらめるかのどちらかです。カミさんは堂々としていました。もうボクに何を言ってもしょうがない。腹をくった様子です。女ってのはこうゆう時に強いんです。

勝負に出よう。ボクは決めました。★マッシュマンズ★カフェ★はボクの夢です。夢ってのは絶対にあきらめちゃいけないんだ。前に音楽の夢をあきらめたボクは、二度と自分を偽るまいと決めました。

正式に物件の申し込みをするため、大家さんとあらためて会いました。以前は和食の飲食店が入っていたそうで、いろいろなトラブルがあったことを聞きました。近隣との関係や問題のあるお客さんとのことなど。そんなことから大家さんとしては、事務所として貸したいとのこと。ボクはまたいろんな資料やら写真やらで、こんなお店をやりたいんですと熱弁をふるいました。若いコたちがいっぱい集まるお店にしたいんです。池袋の人気店を作るつもりなんです。気付けば三時間、普段は口数の少ないボクがひたすらにしゃべりまくったのでした。大家さんも独立して会社を興した方、ボクの夢に共感を得てくれた気がしました。

『覚悟を決めろ』

すごいことをしてみたい
誰もマネできないような
変なヤツとよく言われる
きっとわかってもらえない

だから俺はやってみたい
口先だけじゃあの娘にも笑われちまう

覚悟　覚悟　覚悟を決めろ
覚悟を決めれば何でもできる
覚悟　覚悟　覚悟を決めろ
覚悟を決めたヤツに風が吹く

世間知らずでいいじゃない

自信過剰でちょうどいい
常識なんてクソくらえ
リスクのない冒険はない

だから俺はやってみたい
成功すれば失敗も経験だろ

覚悟　覚悟　覚悟を決めろ
覚悟を決めれば何でもできる
覚悟　覚悟　覚悟を決めろ
覚悟を決めたヤツに風が吹く

ジェットコースター発進——BGM◎レッド・ツェッペリン『ブラック・ドッグ』

事業計画書。いわゆるどんな商売をどんな予想と計画で始めるのか、といったことを書類としてまとめるわけです。ボクも仕事で『営業報告書』なる書類を作成したり、あれこれたくさんの計算業務をしていましたが、そういった書類関係や計算の苦手なことと言ったら。これから始めるお店の来客数やら売上やらを予想するわけですが、そんなもんやってみなきゃわかるわけないわい。ボクは適当に電卓をはじき、記入しました。へぇぇっ、300万円くらい売上が取れるとこんなにお金が残るのかぁ。案外カネ持ちになれるかもしれないぞぉっ。

しかし、そんないい加減な書類があの担当者さんに通るわけがないのでした。あの立地でこんなにお客さんが来るわけないでしょう。原価率がこんな数字でいけるわけないでしょう。スタッフは何人くらい雇うつもりなの。人件費がこんなもんで納まるわけないでしょう。ひえぇっ。なんでこんなに詳しいの？　飲食業界にいるボクよりも、よっぽど詳しいいんじゃない？

原価率ってのは売上に対しての食材費の割合です。はじめボクは25%と記入しました。これはボクの働いている会社の数字がこんなもんだったからです。30％なら優良店だと担当者さんはおっしゃいました。チェーン店だから25％なんていう数字でいけるわけで、個人のお店がそんな数字でやっていけるわけがないとのこと。恐れ入りました。あちこちを何度も何度も修正し、四度目の面接でやっとＯＫが出ました。ふうっ。

仕事中にカミさんから電話がかかってきました。物件の大家さんから連絡があったとのこと。で、どうなの？　ＯＫ？　オレに決まったの？　やったぁ！いよいよ正式に物件が決まりました。ボクはうれしくてうれしくて仕事どころではありません。大家さんはボクに賭けてくれたんだと思いました。ボクの想いが通じたのです。

ボクは会社に退職願いを出しました。すんなり通ってしまい、ゴールデンウィークまで働くことになりました。今までいろんな仕事をしてきたけど、引き止められることもないなんて初めてです。さすが大企業、去る者は追わずってとこでしょうか。

さぁ、いよいよ正念場です。ボクは別の内装業者に新たに見積もりをお願いしました。素人のボクには、見積もりの金額が果たして妥当なものなのかまるでわからなかったのと、どうもボクのやりたいお店のイメージをわかってくれてないような気がしたからです。新しい業者さんは、若い方が担当でした。新たに出してもらった見積もりは金額自体は大して変わらなかったけれど、ボクのイメージをわかってくれている気がしました。結局この新しい見積もりで事業計画書を作成し、このまま打ち合わせを重ねていくことになるのでした。

いよいよ問題なのは、母親です。もうあきらめていたんだと思います。カミさんと一緒にお店をやること、これが条件で許しを得ました。母に迷惑をかけるつもりはないけれど、物件や融資の保証人としてどうしても名前を借りる必要があったのです。

母としては、そりゃ心配だったことでしょう。まるで世間知らず、金銭感覚のないボクのことをよくわかっていましたから。それでもボクを信頼してくれたわけです。子供の頃からボクは、あれがやりたい、これが欲しいと、わがままばかり言う親泣かせな息子でした。こんな大人になっても変わらない自分が、少し申し訳なく思いました。

こうしてカミさんも巻き込んで、ぼくのお店『★マッシュマンズ★カフェ★』は現実に向かって一気に加速していくのです。まるでボクはジェットコースターの乗客。もう降りることはできません。流れに身を任せるしかないのでした。

『99』

そりゃぁいい加減になることだってあるさ
いろんなことを抱えてるんだもの
つまんないことには構っちゃいられねぇ
舌出して笑ってりゃいいのさ

それでもひとつだけこだわることがあるぜ
ずっと温めてきた夢かもしれない
これだけは絶対妥協できない
これだけは貫き通したい

99じゃダメなんだ
99じゃ足りないよ
99じゃゼロと変わらないんだ

99じゃダメなんだ
99じゃ足りないよ
100じゃないといけないことが
ひとつくらいあってもいいだろう

口で言うのは簡単なことだから
口で言うだけなら誰にでもできるから
やるべき時にどれだけやるか
大切なのはそんなことだろう

大きなことを考えるのが好きだ
大きなことを話すのが好きだ
大きなことを試すのが好きだ
大きなことに向かっていたい

99じゃダメなんだ

99じゃ足りないよ
99じゃゼロと変わらないんだ
99じゃダメなんだ
99じゃ足りないよ
100じゃないといけないことが
ひとつくらいあってもいいだろう

人にはどれだけのパワーがあるのかい?
俺にはどれだけのパワーがあるのかい?
俺にはどれだけのことができるのかい?
パワーを計る単位はないのかい?

いつでも血を騒がせていたいんだ
血の騒ぐままに動いていたいんだ
いつでも血を騒がせていたいんだ
誰かすごいとこ見せてくれ

99じゃダメなんだ
99じゃ足りないよ
99じゃゼロと変わらないんだ
99じゃダメなんだ
99じゃ足りないよ
100じゃないといけないことが
ひとつくらいあってもいいだろう

待つ身はつらいぜ――BGM◎パティ・スミス『ビコーズ・ザ・ナイト』

いわゆるお役所仕事なわけです。とにかく時間がかかるんです。ボクはただひたすらに保証協会からの融資の返事を待っていました。保証協会との面接で、もしかしたら減額になるかもしれないといったニュアンスのことを言われていたので、いくらまで融資が下りるのか気になっていました。

物件は仮契約という形でサインし、本契約はやはり融資待ちの状態です。保証金などのまとまったお金は融資が下りてからということになっていました。しかし、当然ですが家賃は日割りで発生していました。一日あたり約一万円からのお金が消えていくのです。結局自己資金は、カミさんの生命保険を解約したり、娘の積み立て貯金を崩したり、できる限りのことをして約250万円ほど用意できました。案外あるもんじゃないか。ぼくは安易に考えていました。

仮契約のため、まだ物件をいじることはできません。内装業者と何度も打ち合わせし、細部を詰めていきました。以前にキッチンの配置を考えていたことが、ここで大きく役立ちました。塗装や簡単な木工事はボクがやることで、少しでも内装費を安く抑えるつもりでしたが、一番にお金がかかるのは設備費なのでした。飲食店というのは水回りやら電気、水道、換気などの工事がかなり大掛かりで必要になるのです。そこまではさすがに素人のボクには手が出せません。まるで安くならない見積もり金額に、ボクは落ち込みました。

好きなように生きてやるんだ——BGM◎ザ・フー『キッズ・アー・オーライト』

家にいるわずかな時間で、いろいろな装飾物の準備です。窓側に大きな絵を打ち付けよう。ベニヤ板を並べ、ペンキで絵を描きました。裏側は窓越しに外から見えるように、お店の名前を大きく描きました。約三メートルほどある板の絵が二枚。家に置いておくには大きすぎて、相当にジャマなのでした。

席の配置を決めました。34席の予定です。店の奥はお座敷席。窓側にカウンター席を設けることにしました。イスもテーブルもまるで足りません。それまでは、みんな形の違うイスを作ってきたのだけれど、なにしろ時間がありません。カウンター用のイスはみんな同じ形で、流れ作業で作ることにしました。

まだボクは働いているわけです。退職日まではあと数週間。早く時間がほしい、そんな毎日でした。厨房機器店へ自転車を飛ばします。キッチンのメインである厨房機器の選定です。まだお金があるわけじゃないので、あくまでもこんな物が欲しいということをお店の人と相談するわけです。一番に重要なガス台はコンロが五口の物を入れることにしました。ボクはこれでも、料理の腕には自信があったのです。仕事で相当に鍛えられましたから。フライパン三つくらいなら同時に料理できる。ピーク時に素早く料理を出すには五口くらい必要だろうと思いました。一部を中古品でまかなうことにしましたが、それでも厨房機器だけで100万円以上です。はぁ。ため息しか出ません。

忙しいゴールデンウィークを乗り越え、ボクは会社を退職する日を迎えます。残念ながら融資の返事はまだでした。最後の日、代官山のお店から渋谷までのんびり歩きました。それはそれは晴れやかな気分だったのです。コンビニで缶ビールを一本買いました。自由になった自分に乾杯です。

どこにも所属しない、誰にも縛られない。人生の夢をひとつ達成しました。ボクは希望でいっぱいだったのです。もうすぐ始まる★マッシュマンズ★カフェ★への期待で燃えていました。もう上司も会社も気にしなくていいんだ。他人に動かされるんじゃなく、ボクは自分の意志で動くんだ。これからは好きなように生きてやるんだ。

第四章

Just Like A Rolling Stone

——現実の扉——

本気でやると
疲れないんだぜ。

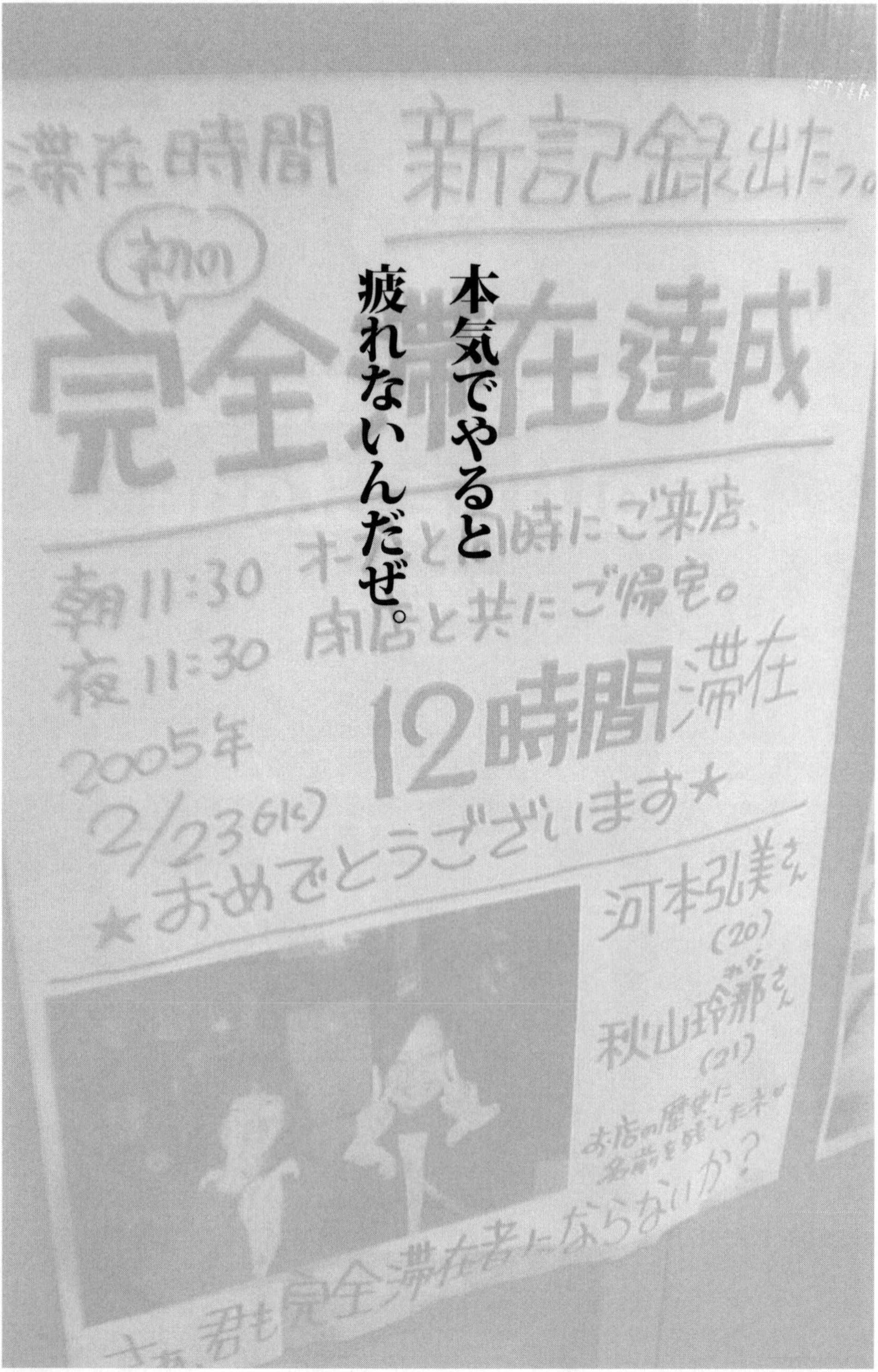

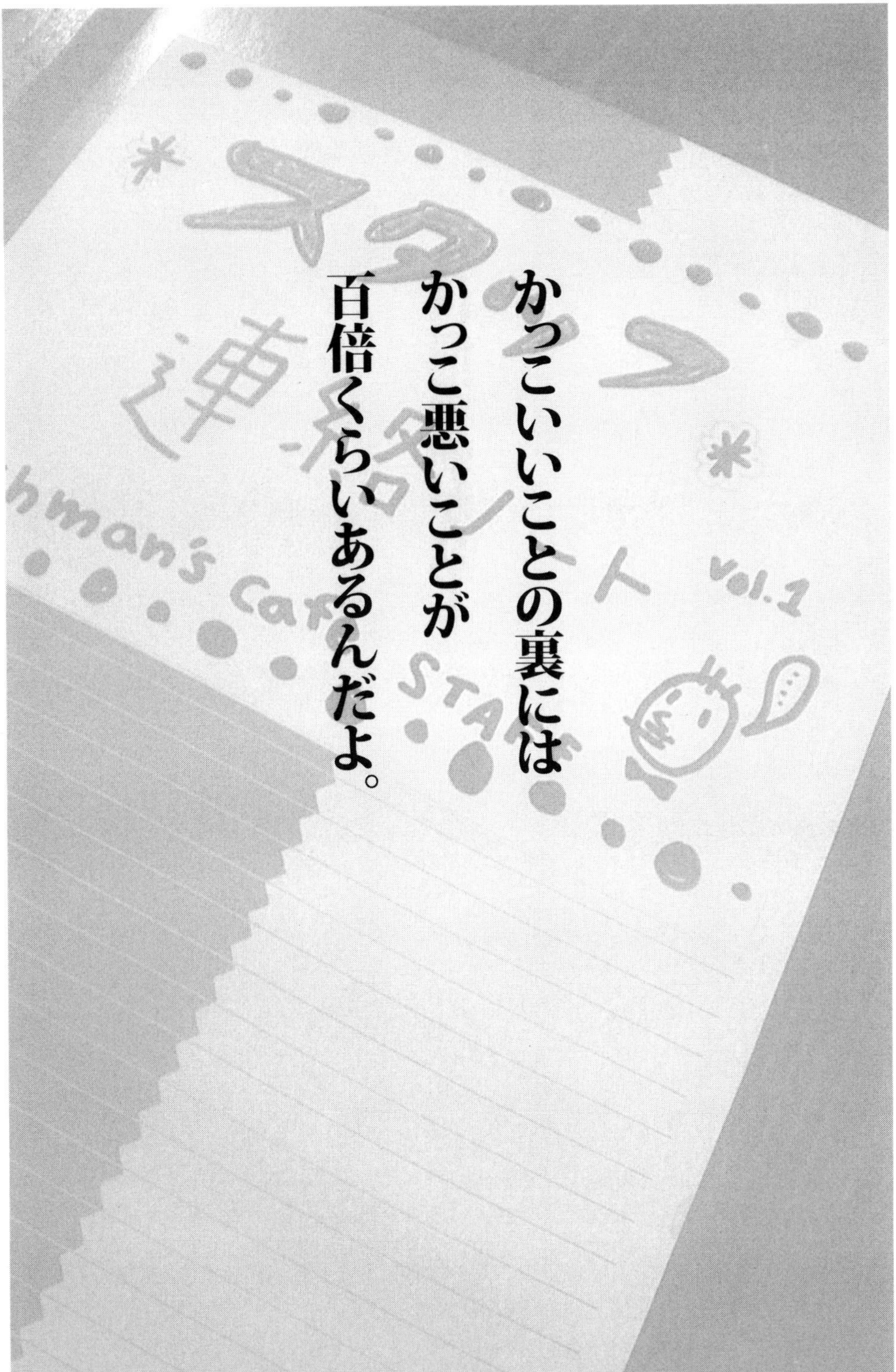

かっこいいことの裏には
かっこ悪いことが
百倍くらいあるんだよ。

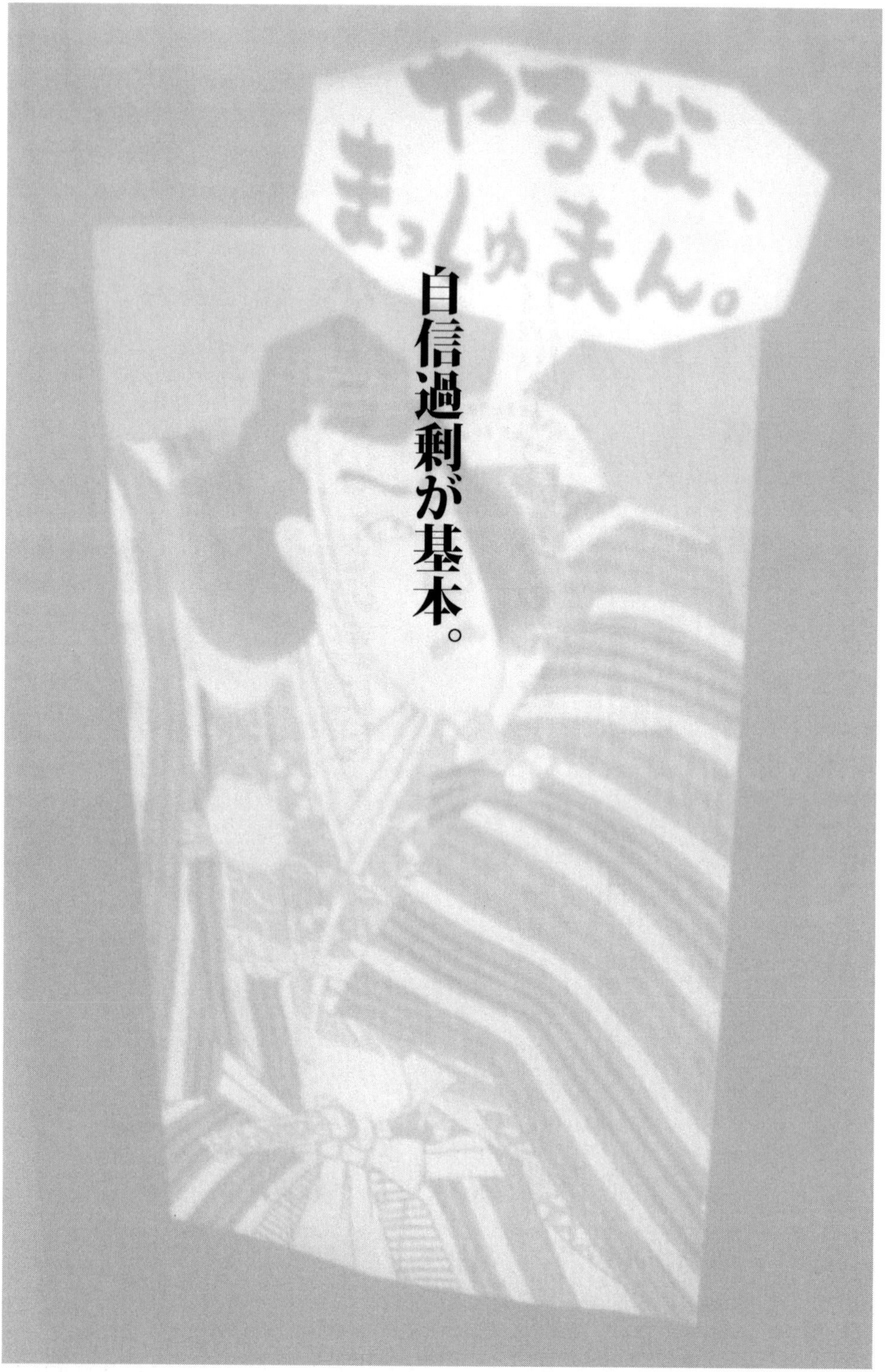

自信過剰が基本。

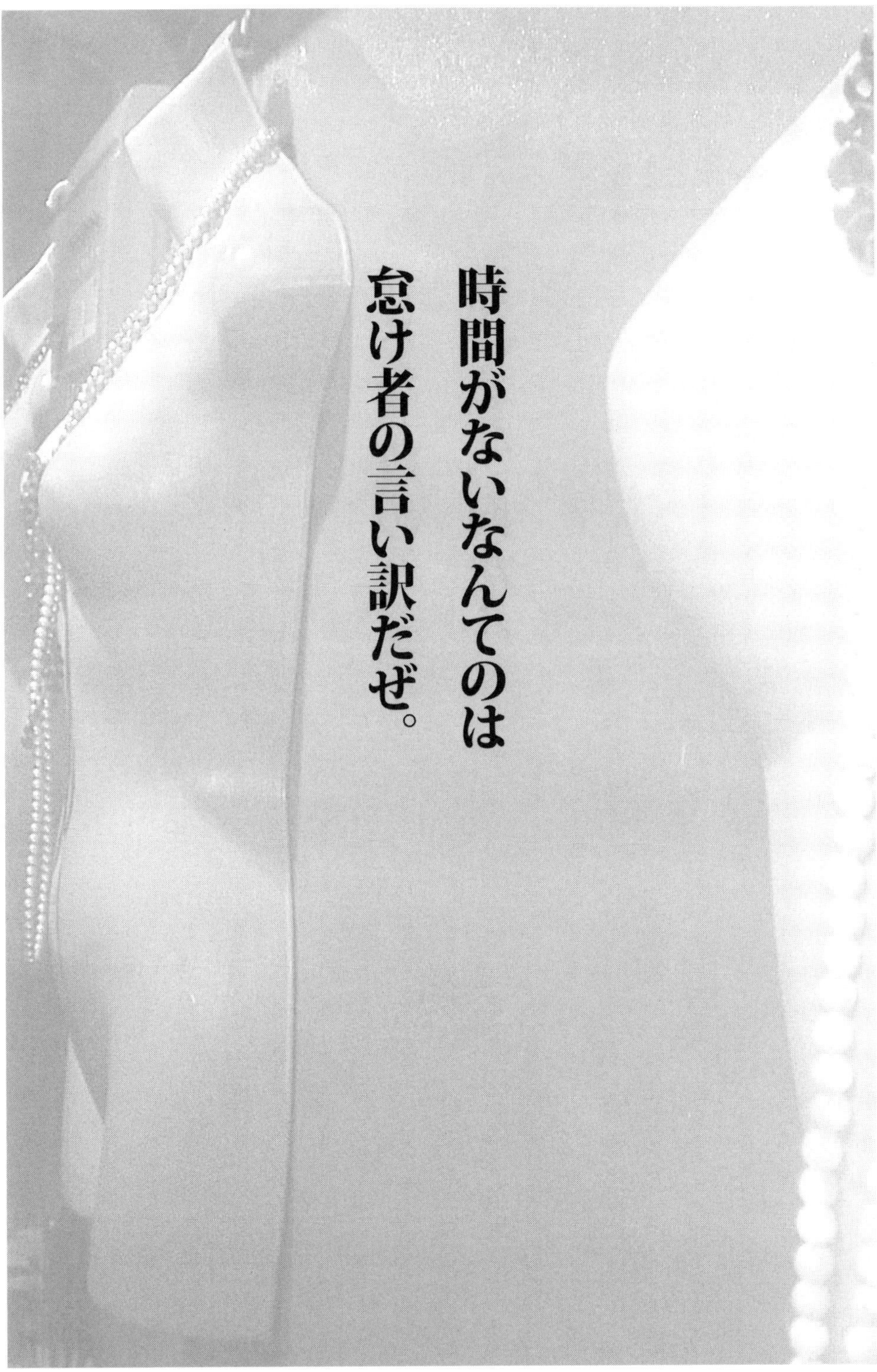

時間がないなんてのは
怠け者の言い訳だぜ。

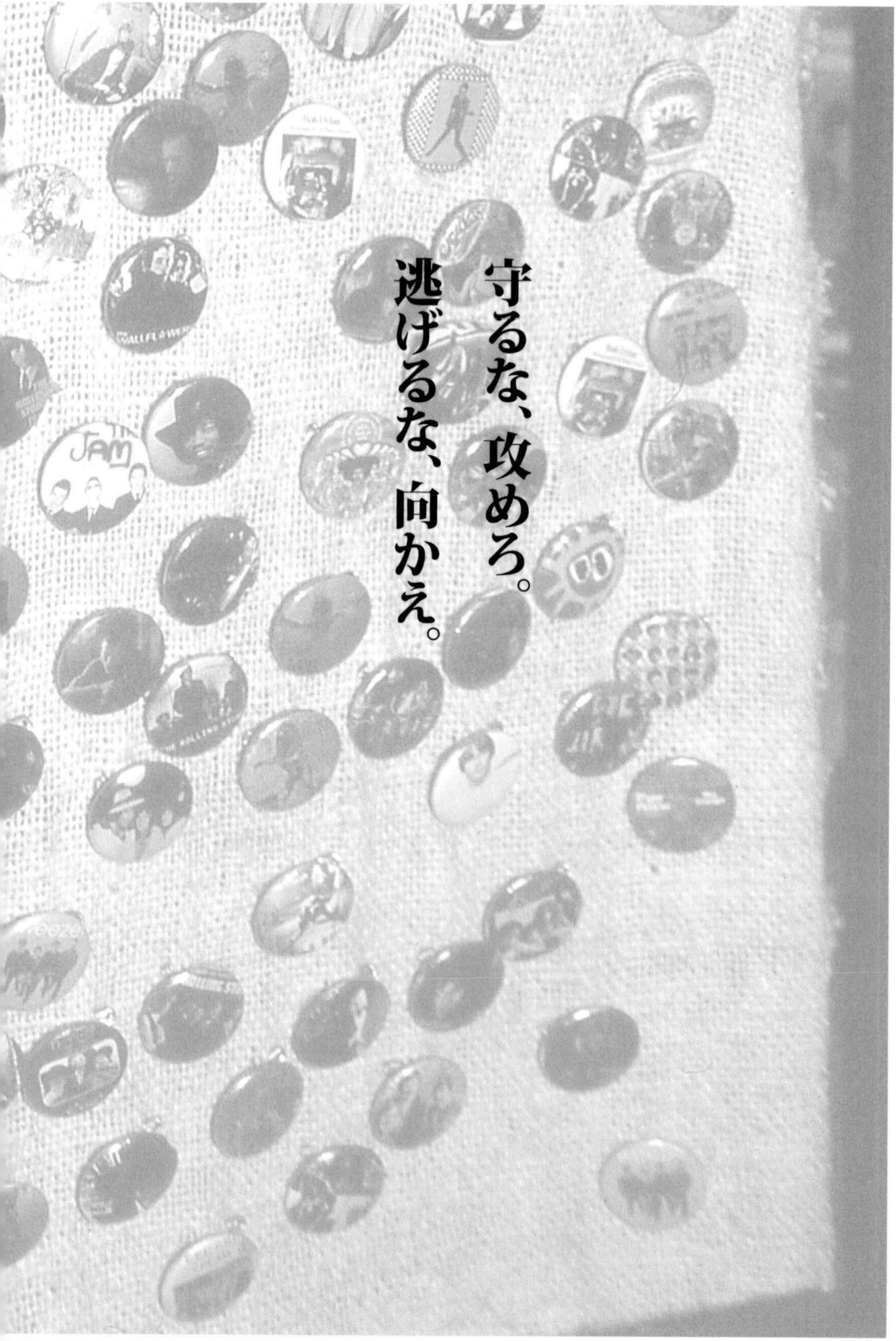

守るな、攻めろ。
逃げるな、向かえ。

BLUES
BLUES

大・大・大ピンチ――BGM◎ザ・ビートルズ『ア・デイ・イン・ザ・ライフ』

ついに保証協会から返事が来ました。5月半ばのことです。しかしその返事は、ボクが期待するものとは大きくかけ離れた悲しいものでした。

「担保を用意してください」

えっ？　担保って？　ボクは何度も聞き返しました。融資する金額の肩代わりになる担保が必要とのことなのです。ボクは唖然としました。豊島区の推薦を受けた時点で、当然融資は下りるものだと思っていたのです。担保などまるで予想していませんでした。多少の減額はあるにせよ、融資を受けられる前提で物事は進んでいたのに、ここで担保を用意しろなんてそりゃ無茶苦茶な話であります。

ボクはまったくの世間知らずなのでありました。少ない自己資金、保証能力のない保証人、何の実績もない初事業。冷静に考えてみれば、当たり前の話かもしれません。ボクが愚かだったのです。ボクに1000万円もの肩代わりになるような担保があるわけありません。

もはやここまでか。ボクは悔しさで涙があふれました。体中の力が抜けてしまいました。カネのない人間にはチャンスすら与えてもらえないのか。すでに二ヶ月分近くもの家賃を払っています。年齢的に言っても今回ダメだったら、もうお店を持つことは無理かもしれません。カミさんはボクの母親に電話をかけていました。ボクは自分の部屋でふさぎこんでいました。

男36歳、妻子持ち、無職。未来のあてもなし。ボクは眠れない夜を過ごしました。

『夢の値段』

俺の夢の値段はいくらだい？
いくらで夢は手に入る？
俺の夢の値段はいくらだい？
どれだけの価値があるのかい？

俺の夢はどこで売っている？
誰でも買えるのかい？
俺の夢を値引きしてくれ
売れ残っちまうぜ

俺の夢と君の夢
どっちの値段が高いんだ?
君が叶えた夢には
いくらかかったんだい?

俺の夢はカネで手に入る
誰もが夢をカネで買う
世界中で夢の安売りだ
俺の夢の値段はいくらだい?

みんなの夢を乗せて——BGM◎ボブ・ディラン『ハリケーン』

次の日の朝早く、母から電話がかかってきました。とりあえず会おうということになり、大宮で待ち合わせて昼食を共にしました。母はボクにこう聞いてきました。

「おまえは本気なのか？　本気でお店をやりたいと思っているのか？」

ボクは何も答えられませんでした。母に甘えるつもりはありません。迷惑をかけるつもりもありません。もはやボクには何もできない、そんな気分だったのです。お昼時のレストランはとてもにぎわっていました。明るい話し声であふれています。ボクと母のテーブルを除いては。

今あきらめても、誰も何もいいことはない、そんな話になりました。母は真剣な顔つきで自分に問いかけるように言いました。

「何か方法があるんじゃないか。担保以外には手がないんだろうか。とにかくもう一度詳しく話を聞こう。可能性を探ろう」

ずっと反対していた母が、俄然力強く思えました。母ははじめからわかっていたんだと思います。ボクひとりでお店なんて始められるわけがないと。そしてずっとボクを見ていたんです。ボクがどれだけ本気なのかを見ていたんです。母も覚悟を決めたように思えました。まだ終わったわけじゃない。ボクもそんな気になっていました。

その日の夜、カミさんのお母さんから電話がかかってきました。カミさんの実家は兵庫県です。父親はカミさんが幼い頃に亡くなっており、女手ひとつでカミさん他兄弟三人を育て上げた人なのでした。お母さんからは、もうあきらめなさいといった内容のことを言われるだろうと覚悟しました。しかし、お母さんはボクにこんなことを言ってくれたのです。

「マサミくん、やりたいと思うことは絶対にやりなさい。今じゃなきゃダメなのよ。男はね、やりたいと思ったことは絶対にやり抜きなさい。あきらめちゃダメよ」

ボクはうれしくて涙が出そうでした。ボクのわがままみたいな夢は、確実に周りの人を巻き込んでいます。ひとりじゃ何もできないくせに、みんながボクを応援してくれる。★マッシュマンズ★カフェ★は、もうボクひとりのお店ではなくなっていました。

おお、グレート・マザー——BGM◎レディオヘッド『クリープ』

さぁ、ここからはカタい話になります。

ボクの父はずっと入院中でした。いわゆる脳梗塞というやつで、なんとか一命は取りとめたものの、病状は悪化していくばかりでした。起き上がることもできなくなり、残念ながら半植物状態というのが正直なところでした。

保証協会や信用金庫にいくら話を聞いてみても、担保以外に方法はないのが実情でした。ボクの実家は一軒家ですが、名義は父です。担保としての価値はあると思われましたが、父本人の確認を取ることができません。ボクの家はマンションですが、多額のローンが残っています。担保価値はまずないだろうとのことでした。

母はずっと以前に、証券会社の営業をしていました。20年近く前のバブル期には、そうとうな営業実績を上げたようですが、バブル終焉で退職していました。ただ母はその後自分でも株の売買を始め、相当額の株券を持っているとのことです。信用金庫との話で、その株券が唯一担保の可能性がありそうだとわかりました。しかし、株券は信用金庫に納められ、融資の返済が完了するまで凍結されるとのことなのです。母は困惑していました。ボクは、母と信用金庫側の話をただ聞いているだけでした。ボクの出る幕はまるでありません。情けないもんです。

株券というのは、あたりまえですが値が変わるものです。担保としての価値を認めにくい物なのでした。一流企業などの優良株で、額面の約70%程度を担保価値として認めてもらえるとのこと。その後数日に渡って、母親と信用金庫との間でどれだけの株券を提出するかといったやりとりが交わされるのでした。そして最終的に、利益の出そうな株券を一部売却して現金化し、融資金額は少なくしてその分の株券を担保にすることになりました。簡単な話が、母親の力で融資を受けられることになったのです。情けないもんです。

ボクは自分の無力さを痛感すると共に、母の偉大さを思い知らされるのでした。大学を辞めてからこれまで、自分勝手で好きなように生きてきたくせに最後は親の力を借りた。これがボクの現実なのでありました。しかしこれでお店への道が開けたわけです。いよいよ★マッシュマンズ★カフェ★が現実のものとして動き出しました。そして親の力を借りたボクは、決して失敗の許されない大きな責任を背負うことにもなるのでした。

真っ赤な手形だぜ

――BGM◎オーティス・レディング『ファ・ファ・ファ・ファ・ファ』

いよいよ業者の工事が始まりました。5月末から約二週間の予定です。工事の中心は主にキッチンです。ガスや水道の配管を通し、コンクリートを流し込み、床に埋め込みます。いくつもの工程に別れていました。業者は朝早くから、夕方6時頃に引き上げます。その後がボクの出番です。とにかく壁や天井のペンキ塗りです。いろいろと悩んだ挙げ句、真っ赤に塗ることにしました。飲食店に赤はタブーとのこと。血を連想する、落ち着かないなど。反対意見もありましたが構いやしません。みんなが圧倒されるような、すごいお店にしてやるんだ。

赤いペンキを30缶買い込みました。しっかしこれがきついのなんのって。脚立に上って天井を塗るのですが、腕の力が続きません。ペンキが刷毛を伝って落ちてきて手は真っ赤に染まります。挙げ句の果てには、ポタリ、ポタリと顔に落ちてきます。こいつは大仕事だ。工事の終盤、床に板を敷く時までに、ペンキ塗りを終わらせないといけないのです。時間がありませんでした。友達に連絡を取りました。応援に来てくれよぉ。

ある日もいつものように体中を真っ赤にして、ペンキを塗っていました。夜も12時近くなり、そろそろ帰るかという時に気が付いたのです。ペンキを落とす溶剤を切らしていたことに。やっべぇ。手も顔も赤く汚れています。幸い洋服は替えを用意していましたが、仕方ありません。そのまま電車に乗って帰ることにしました。ボクはまるで、たった今人を殺した犯人そのものであります。池袋駅の改札で駅員に止められ、連行されたのは言うまでもありません。

ペンキ塗りの最終日、友人二人と最後の追い込みです。

「やったぁ、終わったぁ」

「腹へったよ。メシ食いに行こう」

電灯を消して部屋を出ようとした時です。振り返って見ると、キッチンスペースが白く浮いていました。キッチンの壁だけはペンキを塗っていなかったのです。薄暗い部屋に、一部分だけが白く浮き上がっていました。

「おかしい。キッチンだけ壁が白いのはおかしい」

ラーメンをすすりながら、ボクは引っかかっていました。キッチンの壁も塗ろう。ボクは決めました。

「だってもうこんな時間だぜ。今からじゃムリだよ」

「いいよ、みんなは帰って。オレひとりで塗るから」

「えぇっ、本気かよぉ？」

明日の朝には、キッチンの床の仕上げと客席の床の木材張りが始まります。確かに時間はありませんでした。もう体はヘトヘトだったけれど、やるしかない。明け方までかかって、ボクはキッチンの壁と天井を真っ赤に塗りました。最後の最後、お客さんからは見えない場所の一部だけ白く残った壁に、ボクは手形を残しました。ボクの右手は赤いペンキでドロドロだったのです。2002. 6. 2. mash。真っ赤な部屋ができました。窓から朝日が差し込んでいました。長い長いペンキ塗りが完了しました。

つ、つ、ついにオープンだぁ

――BGM◎ザ・ビートルズ『レヴォリューション』

融資を受けられることは決まったものの、実際に融資が実行され現金を手にすることができるのは、工事も終了し保健所の営業許可を受けてからになるのでありました。まったくおかしな話なのであります。お金がないから融資を申し込んでいるのに、お店を始めるぞというその寸前までお金を手にすることができないわけです。自己資金と融資だけではお金が足りないため、母親からも借りることになりました。株を売ったお金を合わせ、約５００万円ほどです。その時期ボクの自己資金は、実質ほとんど準備に使ってしまっている有り様でした。

大家さんに支払うべき保証金は融資が下りてからにしてもらいました。内装業者の支払いは三回に分けられ、初回と中間をその５００万円でまかない、最後の支払いは同じく融資実行後にしてもらいました。要は、いろいろな準備をしなければいけないのに、そのお金がほとんどない状態なのです。ほんとにこんな有り様で、開店まで持ちこたえられるんだろうか。内心は不安でいっぱいでした。

業者の工事が終わり、保健所の査察が入りました。数日後に営業許可証が発行されるとのこと。その営業許可証を保証協会に提出して、やっと融資が実行されるのでした。しかしこれがまた時間のかかることとかかること。保健所の査察から営業許可証が発行されるまでに数日。保証協会を通して信用金庫から融資金額が振り込まれるまでに、また一週間ほど。なんてったってこっちは毎日一万円以上が家賃として消えていっているわけです。早くオープンさせて収入を得ないと、先にこっちが倒れちゃうかもしれないのです。とにかくあせっていました。そして、念願の融資が実行されたと思ったら、手数料だの保証料だのといって、そこから約30万円も引かれるとのこと。聞いてないよぉ、そんなの。いくらでもお金のほしい時なのに、どこを削減しろってんだよぉ。

それでもやっと最後の現金を手にしました。物件の保証金と工事の残金、厨房機器代を支払ったら、手元には数十万円しか残りませんでした。そのわずかなお金で、最後の準備です。用意しなければいけない細かい備品がたくさんありました。フライパンやレードル、容器などの細かいキッチン道具から大量の食器、音楽を流すステレオやスピーカー、文房具、名刺や印鑑、次から次へと買い物がありました。量販店から100円ショップへ、こんなに短い時間で大量に買い物をし、お金を使うのは初めてであります。とにかく早くオープンさせなくちゃ。それだけでありました。

ボクは髪を金髪に染め上げました。ヒゲもたくわえました。個人店というのは、オーナーの個性も大事な要素です。ちょっと怪しいくらいのオーナーです（?）。ボクにとっては大きな決意表明でもありました。もう一般社会には戻らないぞ。このお店で生きていくんだ。そんな思いを込めて。

そして、6月24日、月曜日。ついについに★マッシュマンズ★カフェ★がオープンの日を迎えます。時は日韓ワールドカップサッカーの真っ只中。日本中が熱狂し、ベスト16で力尽きた直後のことでありました。

『明日のために人生の主題歌を唄え』

今日何をしたかな俺
ただ働いただけかな
明日につながることを
少しはしたのかな

平凡な毎日でも
その向こうにいつの日か
自分を試す時が
必ずやって来る

未来を決めるのは
過去の積み重ねだ
今はじっと準備をしてるんだ

明日のために人生の主題歌を唄うぜ

欲張りだから何でも
知りたいよ　手に入れたい
決して変わらないものを
作り上げるんだ

未来は変えられる
自分で変えられる
今はじっと準備をしてるんだ

明日のために人生の主題歌を唄うぜ

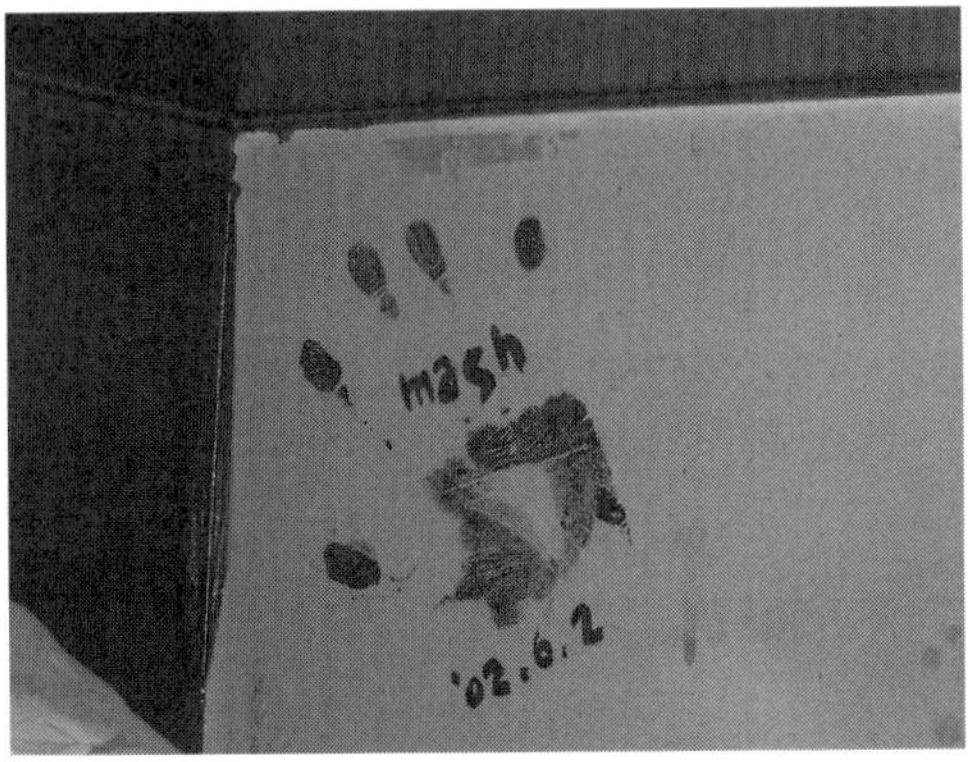

これが
★マッシュマンズ★カフェ★
オープンの実態だ

●お店オープンまでにかかった費用

保証金・オープンまでの家賃・仲介手数料 …570万円

内装・設備費 ……………………………………610万円

厨房機器 ………………………………………140万円

電化製品（ステレオ・電話機・照明・他）………30万円

木材・食器・ディスプレイ用品・他 ……………50万円

保険・融資の保証料・営業許可証発行・他 ……30万円

食材などの仕入れ代 ……………………………20万円

総　額 ………………………………………1450万円

●お店オープンまでに用意した金額

信用金庫 ………………………………………700万円

母 ……………………………………………500万円

自己資金 ………………………………………260万円

総　額 ………………………………………1460万円

第五章

Start Me Up

――こんなもんじゃねぇ――

マ」
よ。

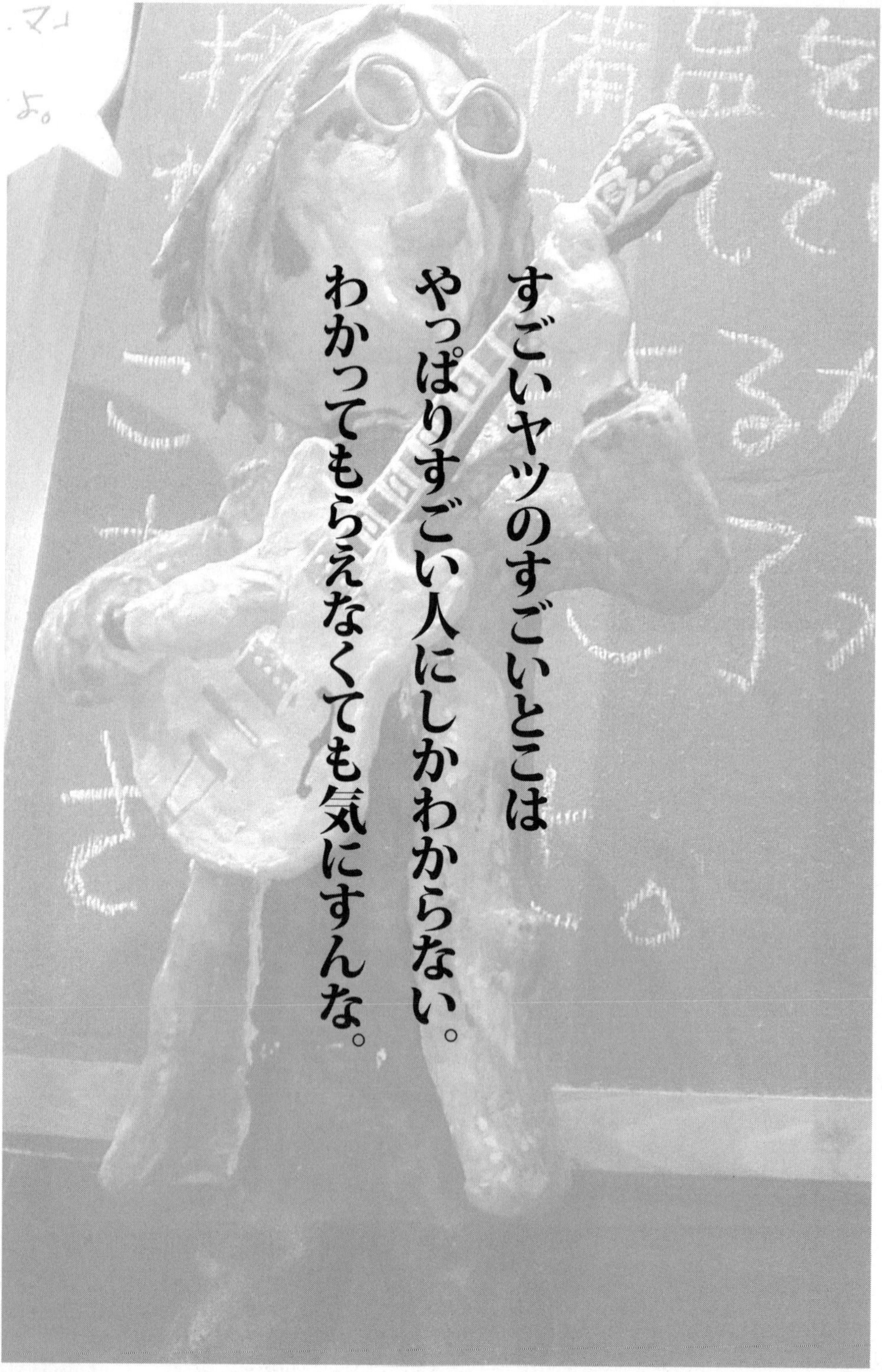

すごいヤツのすごいとこは
やっぱりすごい人にしかわからない。
わかってもらえなくても気にすんな。

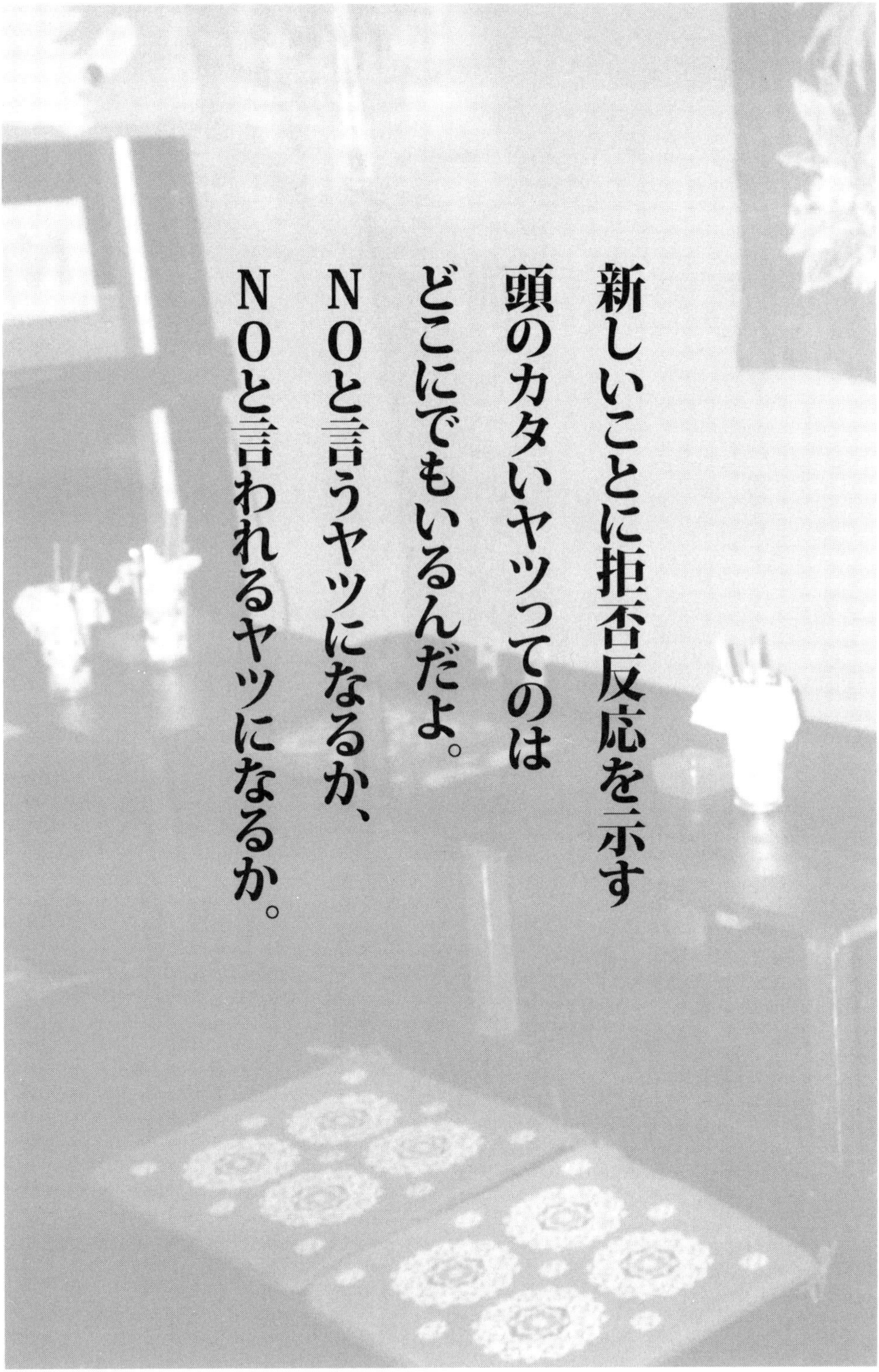

新しいことに拒否反応を示す
頭のカタいヤツってのは
どこにでもいるんだよ。
NOと言うヤツになるか、
NOと言われるヤツになるか。

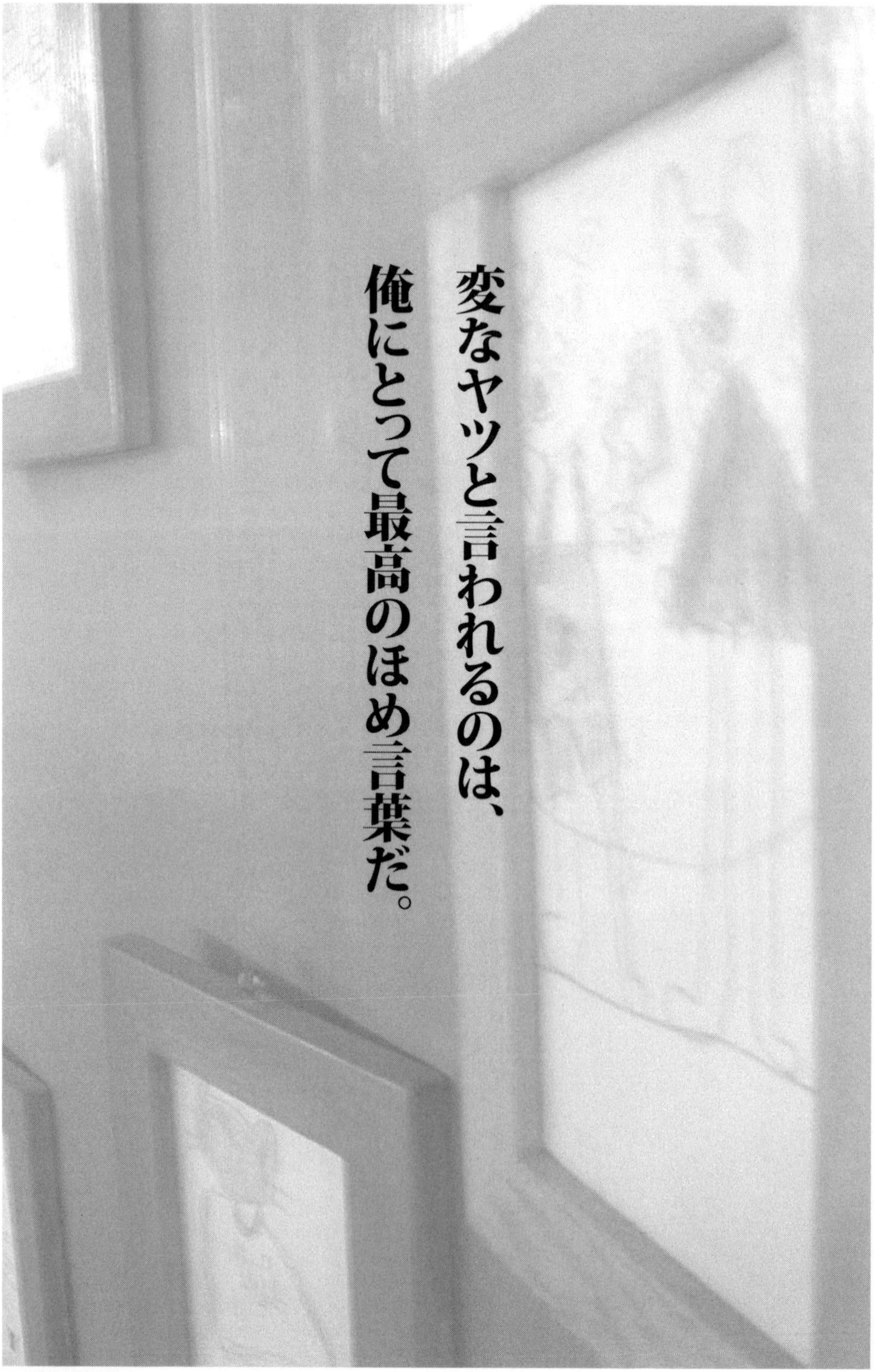

変なヤツと言われるのは、
俺にとって最高のほめ言葉だ。

無視されるより
悪口を言われる方がマシ。

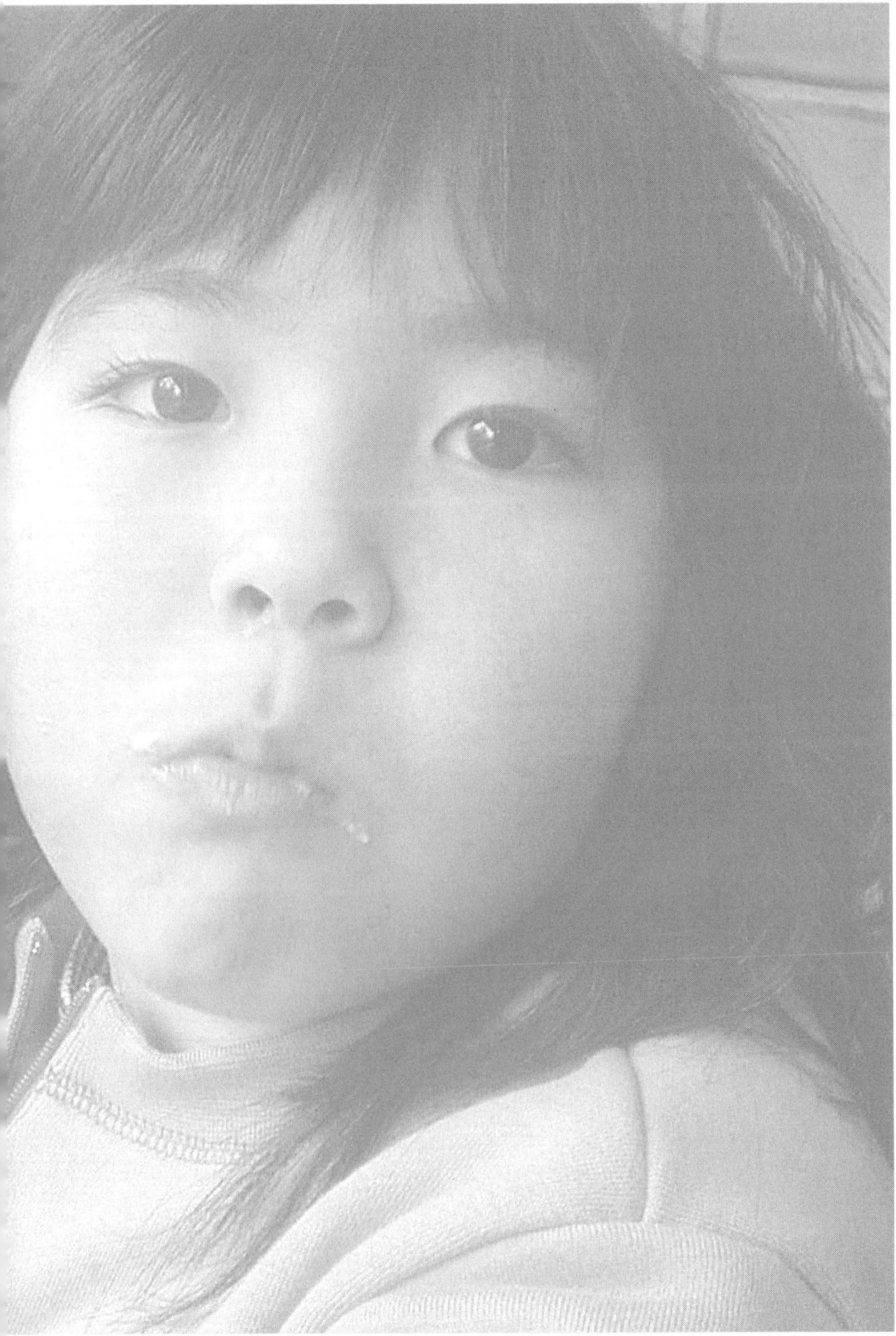

誰かが作ったスタイルなんて気にすんな。
自分のスタイルで行けよ。

始まりはドン底
——BGM◎ザ・バンド『アイ・シャル・ビー・リリースド』

いざお店はオープンしたものの、準備万端、満を持してのオープンというにはほど遠く、完全な見切り発車でありました。なにしろお金が底をついていたこともあり、一刻でも早くオープンさせなくちゃ、というのが実情だったのです。

メニューの品数は少ないわ、内装は寂しいわ、中途半端なスタートでありました。そして決定的だったのが、宣伝をまったくできなかったことであります。なにしろ準備に終われていました。カミさんはせいいっぱいに手伝ってくれましたが、なにしろ二人しかいないわけです。

内装業者さんが入り口に飾る大きな花輪を送ってくれると言ってくれたのですが、ボクはお断りしました。そんなもの恥ずかしいったらありゃしない。ただただ、ずっと前からそこにいたように、さりげなくドアを開けオープンさせたのでした。

これは後になって知る話なのですが、普通個人のお店がオープンする時は、プレ・オープンとかオープニング・パーティーとか言って、友人知人への紹介を兼ねたお祝い会などをするそうなのです。まったく知りませんでした。ボクの頭の中には、いわゆる普通のお客さんをどうやって入れるか、それしかありませんでした。友達や知り合い相手にお店をやるわけじゃありません。余裕がなかったこともあり、静かな静かなオープンでありました。

6月24日、月曜日、オープン初日の来客数は21人、そして翌25日は8人。たったの8人。それもランチタイムに8人で、夕方から夜にかけては0です、ゼロ。オープンの喜びも束の間、悲惨な現実に直面するのでありました。次の日も、その次の日も状況は変わりません。

はじめはスタッフもいなく、ボクとカミさんの二人で始めたお店でした。お客さんのいる時間よりも、いない時間、お客ゼロの時間の方が圧倒的に長いのです。やっとお客さんが来てくれても、なんだか居づらそうに帰ってしまいます。あまりの悲惨さにカミさんは夕方で帰るようになりました。毎日毎日ボクはひとりで落ち込んでいました。やっぱり飲食店は立地なのかもしれない。立地の良くないお店になんて、お客さんは来てくれないのかもしれない。ボクは人生で大きな失敗をしたのかもしれないと、本気で考えていました。

誰もいないお店でひとり、ただただ音楽だけが鳴っています。窓から通りを眺めながら、ボクは途方に暮れていました。そして、完全に自信をなくしていました。

お店は11時30分開店、15時までがランチタイムです。パスタ二品とごはんもの二品の計四品を日替わりで。サラダと飲み物がついて¥850です。15時から18時まではカフェタイムということで、料理はありません。カフェメニューとデザートの時間です。18時からグランドメニューで、カフェの他にアルコールと、料理も幅広くやっています。閉店は23時30分です。実質ボクは一日中店にいるのでした。昼間はカミさんと二人、夕方からはボクひとりです。外出することもできず、ただただお店に張り付いている毎日です。来るはずのないお客さんを待つ、それしかできない毎日なのでした。

光が見えた──BGM◎オアシス『スタンド・バイ・ミー』

7月に入りました。このまま待っていてもしょうがない。ボクは早朝のビラ配りを始めました。暑い暑い太陽が照りつける中、池袋の駅前近くで道行く人にお店のビラを差し出します。しかしこれがつらいのなんのって。何しろ受け取ってもらえないんです。スス ッとボクを避けて行きます。そりゃぁ金髪の怪しい男が立ってりゃぁ、避けるのもわかりますけど。人に無視されることが、こんなにもつらいこととは。

数日続けてボクは根を上げました。しかし、これが実は効果があったのです。少しずつではありますが、ランチが入り出すんです。近隣のOLさんが来てくれるようになりました。ボクのパスタをおいしいと言ってくれます。次の日には、会社の別の人を連れて来てくれます。少しずつ少しずつ、評判が伝わっているようでした。

近隣の飲食店は調べてありました。どんなお店がどんなランチをやっているのか。ＯＬさんが気軽に入れそうなお店は数軒、イタリアンなどです。ぼくのパスタが通用するかが、大きな勝負でした。もちろん味には自信がありました。ただ、パスタは茹で時間がかかるし、一度にたくさんの量を作れません。料理はボクひとり。いかに時間をかけずにスムーズに提供できるかがカギでした。ボクの力量が試されるわけです。

そして大きかったのがカミさんの接客です。細かな気配りと気さくな対応。お客さんとすぐに会話を始めてしまいます。ボクはキッチンからその姿を眺めながら、感心しました。個人店のあり方というものを、カミさんの姿から教えられました。お客さんにとって身近なお店。親しみのあるアットホームな雰囲気。お店のカラーを作ったのは、間違いなくカミさんでありました。

確実にランチタイムがにぎわい出します。まだまだ満席なんて世界にはほど遠いけれど、はっきりと光が見え出すのでした。

ヘンテコカフェ？――BGM◎ジャニス・ジョップリン『ハーフ・ムーン』

ボクの娘はモカと言います。平日は幼稚園で居残り保育ですが、土曜・日曜は幼稚園がありません。そして、オープン後すぐに夏休みに入ってしまいました。一緒にお店に連れて来るしかありません。隅っこで座らせておくのですが、そこは小さな子供、じっとしていられるわけがありません。すぐにお客さんの元に行って、遊び出してしまうのです。こらっ、モカ、行っちゃダメだ。言うことなんて聞きません。一緒に座ってしまいます。しかしこれがお客さんの好評を得るんです。モカちゃ〜ん、遊ぼっ。すっかり人気者です。モカの取り合いです。もしかしたらモカも、お客さんをなごませる立派なスタッフなのかもしれません。まぁいいか、池袋にこんなお店があっても。

問題は夜でした。ランチタイムはお客さんが来てくれても、夜はさっぱりです。たまにポツリ、ポツリとお客さんが来るだけで、まるでメドが立ちません。カミさんのマネをしてお客さんに話しかけてみても、うまく接することができません。そりゃそうだ、キャラが違うもん。ボクは相変わらず落ち込みます。

ボクのポリシーとして、お店にはできるだけムダなものを置かないことにしていました。ストローや紙ナフキンなどの使い捨ての備品を一切置いていないのです。飲み物用のガムシロップなども専用の容器に入れ、使い回しです。お客さんにとっては、多少不便があるかもしれません。でもそんなお店でいいと思ったのです。お店にいるというよりも、友達の家に遊びに来た、そんな感覚のお店にしたかったのです。

入り口の立て看板もボクの手作りです。はっきりとこう書きました。『ヘンテコカフェへどうぞ』。

お客さま参加型カフェ？——BGM◎フェアグラウンド・アトラクション『パーフェクト』

あまりにヒマなので、ボクはお店の新聞なるものを作ってみました。『★マッシュマンズ★カフェ★タイムス』と名付けられたその新聞は、お会計の時にお客さんにさしあげます。約一ヶ月ごとに新しく作りました。その新聞を楽しみに来てくれるお客さんが現れ出しました。

ある時、女の子が自分のノートに何か書いていました。覗き込んでみると、詩を書いているようでした。

「ねぇ、ちょっと見せてくんない？」

なにしろお客さんはわずかです。話し込んでしまうことがよくありました。

「すごいねぇ。例えばこのノートをお店に置いてみない。そしたらいろんな人が読んでくれるよ。感想なんかも聞かせてくれるかもしれないし」

試しに本棚に置いてみました。するとしばらくして、他のお客さんからも申し込みがありました。

「私、写真を撮るのが趣味なんです。私の作品も置かせてくれませんか？」

そうして、あれよあれよと作品が集まり出します。『お客サマの作品コーナー』と看板を下げました。詩集、写真集、イラスト集。お客さんは自由に席に持っていき、眺めることができるのです。メールで感想が来ましたと、うれしそうに教えてくれます。お客さん同士の交流が始まるのでした。そしてついには、仕事の依頼が来るコまで現れるのでした。

ランチに来る常連さんが付けていたアクセサリーをほめたのがきっかけでした。自分で作ったという麻のひもを使ったアクセサリーでした。

「同じようなのを何個も作れる？　うちの店で売ってみない？」

そうして、販売コーナーが始まりました。するとこちらも、あれよあれよと希望者が現れます。あわててルールを作ることにしました。売れたらお店はその分の2割をいただくことで、自由に値段をつけていただくことにしました。すぐに本棚のスペースがいっぱいになり、窓枠に板を打ち付けてスペースを広げました。

客席の柱に『らくがき帳』と名付けてノートをぶら下げてみました。すぐにお客さんが書き込んでいました。毎日毎日、新しい書き込みが増えていきます。ボクはたまに目を通すものの一切タッチしません。あまりに書き込みが多いので、ボクは調子に乗って『音楽専用』と『映画専用』のらくがき帳も作りました。お客さん同士が返事を書いてたり、連載が始まったりと思い思いに使ってくれています。

別に意識して始めたわけじゃないんだけれど、なんとなく『お客サマ参加型カフェ』というたスタイルになっていきました。

お客さんを巻き込んで――BGM◎フェイセズ『スティ・ウィズ・ミー』

ボクは毎日のように、料理の試作をしていました。とにかく料理のレパートリーを増やさなくちゃ。それも、どこにでもある料理じゃなく、このお店らしい遊び心や新しさのある料理を作り出したい。メニューを見てるだけで楽しくなるような、そんな料理を発明してやるんだ。よく試作品をお客さんに食べてもらったもんです。ちょっと食べてみてくんない？　どう？　どう？　まったく変なお店です。

オープンして二ヶ月ほどで、メニューを作り替えました。食事メニューがぐっと増えました。

オープン当初は準備が間に合わなかったこともあって、内装も中途半端なものでした。ボクのイメージとはほど遠い、寂しくてすっきりした雰囲気だったのです。お客さんが少ないもんで、ボクには時間だけはたっぷりありました。あれやこれやと装飾をしました。

天井からは造花をぶら下げ、壁には写真をペタペタと貼り、お店のロゴを旗に見立てて吊り下げました。お客さんがいてもお構いなしで、脚立に登り、ペタペタ貼っていきます。しまいにはお客さんが手伝ってくれたりしました。だんだんとにぎやかな、楽しい空間になっていきました。

宣伝はしたいけれど、お金はありません。お店のホームページを作ってアップしました。今の時代、インターネットはあなどれません。パソコンはあまり得意ではないし、ましてや専門知識のいるホームページです。これもまた、たくさんのお客さんに助けてもらうことになるのでした。

「ねぇねぇ、パソコン詳しい？　この写真の位置を変えたいんだけどどうやるの？」

「この部分だけページを飛ばしたいんだけど、教えてくんない？」

仕事してんだか、遊んでるんだか、お客さんを巻き込んで毎日が過ぎていきます。

もうひとりじゃないんだ――BGM◎グリーン・デイ『バスケット・ケース』

お客さんは確実に増えていました。お客さんが友達を連れて来てくれて、またその友達が来てくれて。そんな感じで、いわゆる口コミでお店が広まって行きました。顔なじみのお客さんがみるみる増えていきます。絶対数が少ないもんで、ボクもお客さんをすぐ覚えちゃうんです。

7月の一日平均来客数が33・7人、8月は38・9人。9月には44・4人です。ランチの来客数が30人を超えた時には、大喜びしたもんです。

オープンしてから毎日毎日休みなしで続けてきましたが、さすがに体がもちません。10月から、毎月第一日曜日をお休みに、他の日曜日を18時閉店にすることに決めました。なにしろ日曜日の来客がひどかったもんで。

ボクは希望に燃えていました。なんてったってまだ始まったばかり。きっといつかは、連日大にぎわいの日々がやって来ると信じていました。そしてついに、ボクとカミさんの二人だけの体制も限界を迎えるのです。相変わらず夜はボクひとりです。ちょっとお客さんが来るだけで、たちまちパンクしてしまいます。仕事が終わらなくて、帰れない日がしばしばありました。お座敷で横になり朝を迎えます。

経営的には余裕なんてないけれど、このままお客さんは増えていくと信じてスタッフを雇うことにしました。昼に3時間、夜に3時間のわずかな時間に、顔なじみの学生さんをアルバイトで採用しました。オープンして五ヶ月目のこと。

スタッフを雇うことで、ボクにとってはひとつの時代が終わったのでした。振り返ってみれば、ボクがこのお店を自分のお店だと感じられたのはここまでです。この後はお店がどんどんボクの手を離れ、お客さんやスタッフを含め、みんなのものになっていくのでした。でもそれはとてもうれしく、ありがたいことです。そうだなぁ、自分の子供が大きくなって、親の手を離れていくようなもんかなぁ。

スタッフを雇うようになると、これまでのように気楽なわけにはいきません。当たり前だけど仕事は教えなきゃいけないし、お客さんに対しても失礼がないかと気が落ち着きません。ちょっとヒマだからといって、雑誌をめくるのも気が引けるようになるし、お給料を支払うためにも毎日の売上のプレッシャーが重くのしかかります。でも、何より心強いです。若い学生アルバイトとはいえ、大きな戦力だし、なにより世間並みのお店になれたような、そんな安心感がありました。お客さんとの会話もさらに広がります。ほとんどお客さんとしゃべってるような日もあったっけ。

余裕のできたボクは、二度目のメニュー替えを行います。さらに料理メニューが充実するのでした。

君の夢も詰まったお店

——BGM◎リッキー・リー・ジョーンズ『恋するチャック』

いつもと同じ、変わらない夜でした。その時までは。

「いらっしゃいま……」

照れくさそうに入って来た女のコ、京子ちゃんでした。ボクはびっくりして、止まってしまいました。もう会えないだろう、会うことはないんだろうと思っていた京子ちゃんとの再会でした。もう半年以上も経つのでした。

「元気かい？　髪伸びたね」

京子ちゃんは笑ってくれました。ボクはホッとしました。そしてお店に来てくれた勇気に感謝しました。なんだかうまく話せません。ついこの前だったような気もするし、ずいぶん長い時間が経ったような気もします。

見てくれよ、これがボクのお店、★マッシュマンズ★カフェ★だよ。二人で一緒に見た、ボクのイラスト通りだろ。

きっと覚悟を決めて来たんだと思いました。ボクとのことを、自分の中でけじめをつけたかったんだと思いました。会うのはきっとこれが最後、そう感じました。京子ちゃんは、やはり渋谷のお店は辞めて、カラーコーディネーターになるための学校に行っているとのこと。

自分の道を進んでほしい。でも忘れないで。池袋にある、君の夢も詰まったお店があることを。このお店を作らせてくれたのは、京子ちゃん、君かもしれないんだから。

ライヴだぜ——BGM◎セックス・ピストルズ『アナーキー・イン・ザ・UK』

ある男のコの一言がきっかけでした。

「マスター、このお店でライヴなんてやれないですかねぇ」

その男のコは大学生で、友達とバンドを組んでいるのでした。よく仲間とお店に来ては、ボクといろんな音楽の話をしていたのでした。

「ライヴ?」ボクはピピッときたのでした。

お店でライヴをやるのかぁ。そいつは思いつかなかった。確かに面白いかもしれないぞ。ライヴをやれば出演者の友達も来てくれるだろうし、ちょっとした宣伝にもなる。

「いいねぇ。ちょっと考えてみようよ。ただしライヴをやるならオレも唄うぞ」

話はトントン拍子で決まりました。音量を考慮して、アコースティックなライヴです。『アコギなやつら』と題されたイベントは、11月のある日曜日の夜に行うことにしました。出演者はボクと学生のグループ二組の、計三組です。お店のお座敷をステージにしました。

ボクは人前で唄うのは約五年ぶりです。ライヴの日はたくさんのお客さんが来てくれました。夜にこんなににぎわったのは初めてです。娘のモカもいます。パパのかっこいいところを見せてやるぞぉ。ボクは張り切っていました。

学生のグループは、二組ともすばらしい演奏を聞かせてくれました。今の学生たちのレベルの高さに驚きです。しかし、しかしです。ボクときたらまったくひどい有り様です。やはりブランクは大きかった。昔のように唄えないんです。音程の高いところにくると、まったく声が出ません。お店のオーナーが、お客さんの前で大恥です。父のプライドも丸つぶれです。これがボクに火をつけました。またやるぞっ、ライヴイベントだっ。このまま終わらせられるかっ。こうして★マッシュマンズ★カフェ★のライヴイベントが恒例化するのでありました。

ボクにとってお店は、勝負の場です。どれだけのお客さんの心を掴めるか、それは前に音楽をやっていた頃と同じ感覚です。ボクにとっては、作る曲が料理や飲み物に変わっただけで、なんだかやってることは同じなんです。自分の信じる道がどれだけ人に通じるか、その勝負なんです。そう、毎日がライヴなんです。

お店にさえ来てくれれば、絶対に気に入ってもらえる。ボクは確実に自信をつけていました。料理も好評です。ある時ランチの常連さんがこんなことを言ってくれました。

「マスターは天才ですよ。だって何食べてもおいしくてハズレがないんだもん」（だろぉ？）

11月が終わり、お店はついに赤字経営を脱出しました。ボクにもお小遣いが出るようになります。この一年半ほど、余裕あるお金はすべてお店の準備に費やしてきました。

ボクは久しぶりにＣＤを買いました。ちょっと前まで、お給料なんてあたりまえ、お小遣いなんてあたりまえと思っていたお金でしたが、今は違います。たかだか数千円だけれど、それはそれは重みのあるお金でした。

ノー！マニュアル――BGM◎B・B・キング『エヴリデイ・アイ・ハヴ・ザ・ブルース』

★マッシュマンズ★カフェ★には、レジがありません。小さな金庫にお金が入っているだけで、お会計は電卓計算です。スタッフ用のタイムカードもありません。もちろんマニュアルのようなものもないし、ほとんど決まりごともありません。これは、ボクがお店を始める前に働いていた飲食店での経験から、あえて逆のことをしようと決めたことでした。

小さな個人店が大きなチェーン店と対等に渡り合おうと思ったら、同じことをしていたらとてもかないません。ボクは逆に、個人店らしさを前面に出そうと思ったのです。形だけで気持ちのないマニュアル通りの接客ではなく、人と人との気持ち通った接客を。本当の接客ってのは、絶対に文章では書き表すことはできません。とても難しいことだし、だからこそ楽しみがあるわけです。料理やデザート作りも同じです。文章では表せないところに、本当の料理の難しさと面白さがあるのです。だからボクは、スタッフにやらせてみて、その隣で口で説明します。何度も何度も同じことを教え込みます。

スタッフとも信頼関係で仕事を共にする。タイムカードや規則がなければ、スタッフを管理できないようなお店にはしたくないのです。これはお店の理想かもしれません。だからこそ、ボクはそこに挑戦したいのです。ボクに隠れて悪さをするようなスタッフなら、それはボクにも責任があるわけです。信頼関係を築けなかったボクに落ち度があるわけです。スタッフの信頼を得られるようなオーナーになること。これもボクの挑戦なのです。

たかだか三年半しか働かなかった飲食の世界でしたが、この時の経験がなければきっと★マッシュマンズ★カフェ★は生まれてなかった。ボクにとっては、ものすごく大きく、貴重な経験をさせてもらった三年半だったのです。そして、前の会社は今のボクにとって大きな大きなライバルでもあるのです。

夢を叶えたんだ――BGM◎ジョン・レノン『ハッピー・クリスマス』

12月でした。ついについに、雑誌の取材がやって来ました。今はなくなってしまった雑誌ですが『オリーブ』です。ファッション誌です。その昔、オリーブ少女だったらしいカミさんは大喜びです。お客さんにも言いふらしました。カミさんは親戚一同に電話です。

発売日の待ち遠しいことといったらもう。印刷されたお店の写真を見て、とても感動しました。お客さんに見せびらかしました。うちのお店だけ、明らかに写真がおかしいんです。

そうなんです、真っ赤なんです。

ボクのお店、★マッシュマンズ★カフェ★は小さな個人店ですが、細々とやっていく気ははじめからありませんでした。確かに立地は良くないけれど、世間の人気のあるお店と対等に渡り合ってやる、堂々と勝負してやると思っていました。いろんなお店と一緒に紹介してもらえたことは、大きな自信になりました。

クリスマスがやって来ました。連日の大盛況です。おなじみのお客さんが押し寄せるようにやって来てくれました。いつの間にか、ずいぶんとお客さんが増えたんだなぁと感動です。お客さんでいっぱいになったお店は、まるで姿を変えます。話し声は活気にあふれ、生き生きとした輝きです。楽しそうなお客さんの顔を見るのはしあわせです。

ボクは思い出しました。お店を始めたいなぁと思っていた頃に、頭の中でイメージしていたことを。若いお客さんでにぎわっている未来のお店の姿を。これだよ、この日を夢見ていたんだ。夢が現実になったんだ。ボクは夢を叶えたんだ。

お客さんみんなと、クリスマスの乾杯です。クラッカーの音が鳴り響きました。あちこちでシャンパンがあふれて大騒ぎです。最高な気分でした。ボクの人生で、こんなにしあわせなクリスマスは生まれて初めてです。

大晦日はオールナイト営業です。正月は三が日をお休みすることにしました。大晦日なんて、果たしてお客さんは来てくれるんだろうか。昼間はさっぱりでした。夜に入った頃もお客さんはわずかです。こりゃダメかな。近隣の飲食店はどこも閉まっています。やっぱりこの辺りだと人も少ないや。そんなあきらめムードも、時間が経つにつれ少しずつお客さんが入り出します。活気があふれ出します。夜も10時を過ぎると満席になりました。やんややんやの大にぎわいです。

「やったぞ。大盛り上がりだ。さぁ忙しくなるぞっ、がんばれっ」

年越しパスタのサービスに、テレビを見ながらのカウントダウンです。

5、4、3、2、1、おめでとーっ。みんなで新年の乾杯をしました。店内はクラッカーの紙テープでもうメチャクチャのグチャグチャです。見知らぬお客さん同士がワインをつぎ回っています。モカも一緒になって店内を走り回っています。

ママ、モカ、お祝いだ。家族三人でもう一度乾杯をしました。よくここまで来れたなぁ。ご苦労さま。

たかだか一年前に誰がこの光景を予想できたでしょうか。猛反対されていたあの一年前。大変なことは確かにいっぱいあったけれど、何もかもが報われた気がしました。いい終わり方をしたなぁというボクの一言に、スタッフの女のコがこう言いました。

「マスター、終わりじゃなくて始まりですよ」

『こんなもんじゃねぇ』

失敗なんて何度もしたさ
悔しい思いをする度に

こんなもんじゃねぇ
こんなもんじゃねぇ
俺はこんなもんじゃねぇ

気持ちがくじけそうな時には
今に見てろって思うんだ

こんなもんじゃねぇ
こんなもんじゃねぇ
俺はこんなもんじゃねぇ

★mashman's★cafe★TIMES

『★マッシュマンズ★カフェ★タイムス』より抜粋

【第2号 2002・8・20】

官能小説

愛のもつれ♥

男は煙草を深く吸い込み言った。「やらせてくれないか」女は言った。「いやよ、絶対いや」女の肩がわずかに震えていた。「これは俺の夢なんだ。わかってくれ」「じゃあ私たちの生活はどうなるの。今のままでいいじゃない」男は静かにため息をついた。「俺はみんなに愛と勇気と希望を与えられる、おしゃれなカフェをやりたいんだ。それにはおまえの協力が必要なんだ。イスやテーブルももうこんなに作っちゃったよ」「それはあなたが勝手に作ったんじゃない」男はブランデーをぐいっと飲み干した。「もう一度聞くが、お店やらせてくれないか」「いやよ、いや。ううう……」女は泣き崩れた。男はあきらめずに言った。「やらせてくれぇぇぇ」そして二人の夜は更けていくのであった。ワォーン(犬の遠吠え)。

―つづく―

【第7号 2003・2・1】

任侠劇場 仁義なき縄張り争い

わたくし池袋は「まっしゅまん組」の組長でございます。最近組を開いたばかりなのですが、残念ながら経営に行き詰まっております。そこで宣伝活動に力を入れることにしました。駅前でのチラシ配り。初めての経験でございます。夏の日のことでした。朝の通勤時間を狙って道行く人にわたくしの店のチラシを差し出すのですが、なぜでしょう、受け取っていただけません。わたくしの外見のせいでしょうか。しばらくするとスーツ姿の男性三人組が現れティッシュを配り出しました。するとどうでしょう。みなさん受け取っていくではありませんか。気が付くとその三人組はわたくしを取り囲むようにティッシュを配っております。まるでわたくしにジャマだと言っているかのようであります。わたくしは三人から離れるべく場所を移しました。すると三人組はまたわたくしを取り囲んできます。三人組はわたしにニラみをきかせてきます。ここは自分たちの縄張りだと言っているかのようです。わたくしもナメられたもんです。店の準備がありますので、今日のところは引き揚げますが、明日こそ決着をつけてやります。ちゃんと来いよ、三人組。ファックユーでございます。

―つづく―

【第15号 2003・11・1】

連載小説

池袋のナンパ師

その飲食店がオープンして早や4ヶ月がたとうとしていた。ランチタイムにはぼちぼちお客が来てくれるものの、夜はさっぱりである。店のマスターは悩んでいた。昼間はマスターとママさんの二人だが、夜はマスターがひとりで店に立っていた。「そうか、俺みたいな男がひとりでやってるからお客さんが来てくれないんだ。どんなお店も若い女の子がいらっしゃいませ～と元気よくやっている。うちも女の子のスタッフを入れてイメージアップを図ろう」人を雇う余裕なんてないのに、まったく無茶な計画である。まずはお客さんの中から働いてくれそうな子に声をかけてみることにした。「よし、あの子だ。あのー、うちで働かない？」男の声はうわずっていた。まったくヘタなナンパのようである。「いやぁ、時給は安いよ。でもこの通りヒマだから、ははは」何はともあれナンパは成功。数名の若い女の子がこの店にアルバイトとして加わることになったのである。男はがぜんやる気になったのは言うまでもない。

—つづく—

【第21号 2004・6・24】

感動小説 しょっぱいシャンペン

それはちょうど一年前、そのカフェがオープンして丸一年を迎えた日のことである。一周年だからといって特にお客さんに伝えたわけでもなく、いつもと変わらない一日のはずだったのである。ただひとり、店のマスターだけが特別な思いでその日を迎えていただけであった。「一年かぁ、早いなぁ。ずいぶんお客さんも来てくれるようになったなぁ」いつものように夜を迎え、お客さんが入り出した。するとふだんからよく来てくれる常連のお客さんがシャンパンと花束を持ってやって来たのである。「マスター一周年おめでとう。いっしょに乾杯しよう」マスターは驚いた。するとまた一組、ワインを持ってお祝いに来てくれるではないか。「あぁぁ、なんてすてきなお客さんたちだろう。うぅぅ」マスターの目にキラリと光るものが見えたと思ったら、マスターは裏に引っ込んでしまった。お客さんに愛されるお店、それだけを夢見ていたマスターにとって、その日はほんの少し夢に近づけたような忘れられない日になったのである。涙の混じったちょっぴりしょっぱいシャンパンの味は格別であった。

―つづく―

この店の中では
みんなが
マッシュマンなのさ。

第六章

Stairway To Heaven

——しあわせへの階段——

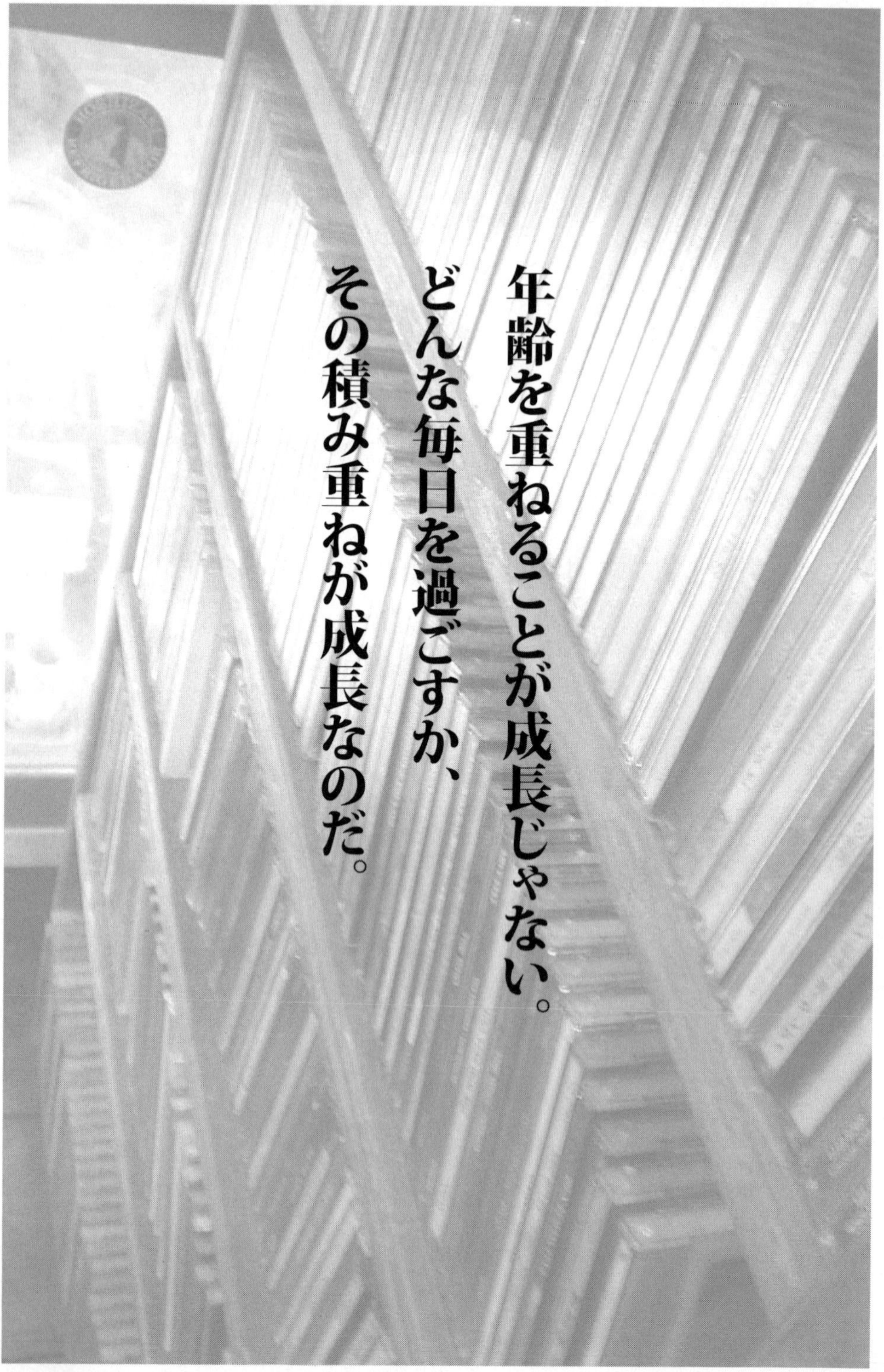

年齢を重ねることが成長じゃない。
どんな毎日を過ごすか、
その積み重ねが成長なのだ。

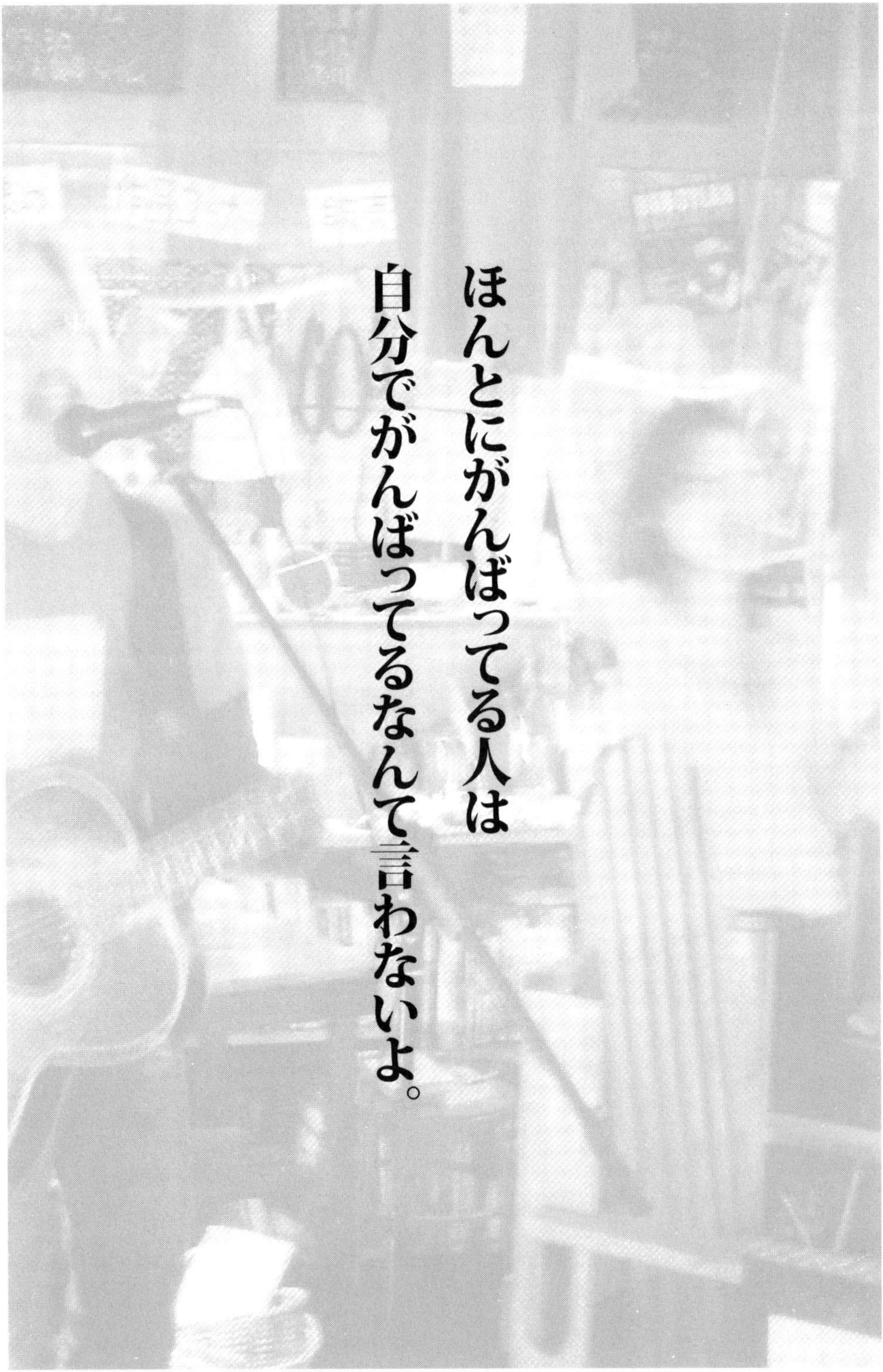

ほんとにがんばってる人は
自分でがんばってるなんて言わないよ。

すごいヤツほど敵も多い。

俺の敵、募集中。

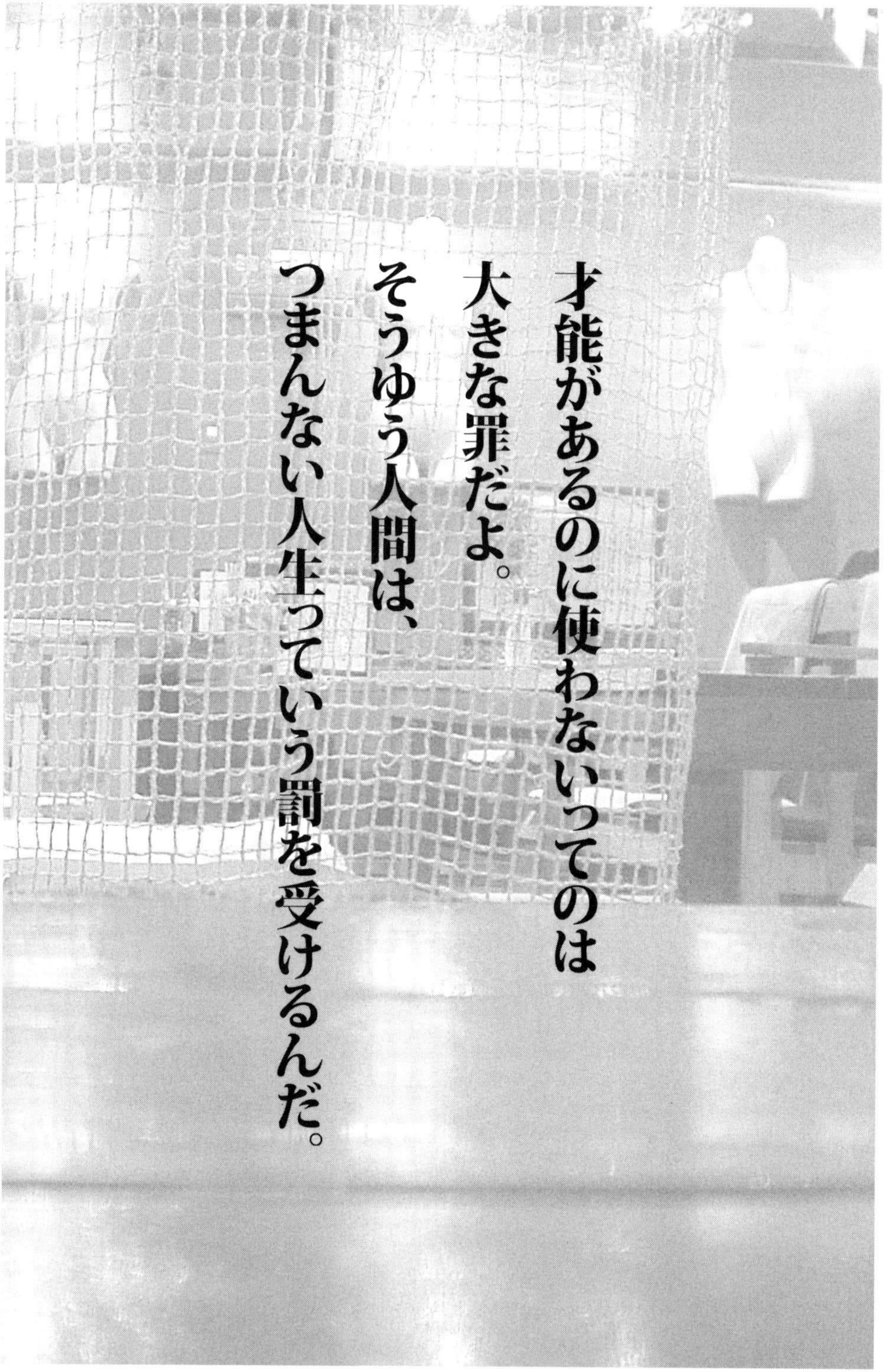

才能があるのに使わないってのは
大きな罪だよ。
そうゆう人間は、
つまんない人生っていう罰を受けるんだ。

ボクは前科者?——BGM◎G・ラヴ&スペシャル・ソース『キス・アンド・テル』

2003年は、まさしく飛躍の年となりました。『Hanako』、『散歩の達人』、『カフェの料理本』、……、雑誌の取材が相次ぎました。お店の知名度が一気に上がったと思います。スタッフは学生アルバイトからフリーターへ。仕事量は増えるばかりです。

はじめは100万円ほどだった一ヶ月の売上も、一年で250万円ほどまでに増えました。驚くべき成長なのか、はたまたはじめがあまりにも悲惨なのか。とにかく目に見えてお客さんが増えていくのです。

この年の暮れには、定休日をなくすことにしました。ただし、週に一日はボクも休みをもらいます。スタッフだけでお店を営業してもらうんです。それだけスタッフも力をつけました。メニューの品数も増え続けます。小さなお店のくせに、どんな飲食店にも引けをとらないボリュームです。

定休日をなくした12月、売上は290万円を記録。一日の平均来客数も80人を超えるのでした。

その年の夏、ボクはお店の近くに部屋を借りることにしました。自分の体のことを考えての決断です。朝はランチの準備が主な仕事ですが、お客さんの増加で出勤時間は早まるばかりだったのです。当然削られるのは睡眠時間。夜は夜でお客さんがいる手前、オーナーのボクが早く帰ることもなかなかできません。家族が離れて暮らすことには抵抗もありましたが、これもお店のためのことです。カミさんは心配顔でしたけど。

ボクは、カミさんのお母さんに承諾を得るため電話しました。なにしろボクは、男としての前科もありますから。

「マサミくんは好きなようにしなさい。自分の思う通りにお店をやりなさい。仕事のために別々に住んでいる家庭なんていくらでもいるわ」

いやぁ、相変わらず肝っ玉お母さんです。逆に責任を感じるボクなのでした。

お店から歩ける距離で、格安の部屋を探しました。まぁ、実際に住んでみて気付いたのですが、近所にはお店に来るお客さんがそれはそれはたくさん住んでいること。もうコンビニなんかですぐ会っちゃうんです。意外と地域密着性の高いお店なんだなぁと感じましたわ。ただ、お店の近くにいるというのは気が楽です。仕事中でもすぐに帰れちゃうんですから。

大人になったって——BGM◎スライ&ザ・ファミリー・ストーン『ダンス・トゥ・ザ・ミュージック』

フミちゃんがやって来たのは、二年目の秋でした。サン・フランシスコに行ったきり、向こうで働いていたらしいのですが、一時的に帰ってきたのです。共通の友達からボクがお店を始めたことを聞き、来てくれたのでした。何年ぶりの再会でしょうか。

「お店を始めるなんて、マサミらしいと思ったよ。いいお店だね。料理もおいしいし」

久しぶりにフミちゃんの批評を聞きました。その日の夜はとても大忙しの大にぎわい。お客さんがいっぱいいる所を見てもらえて、ボクも安心したのでした。数日間日本にいるというので、次のボクの休みにゆっくり会うことにしました。

少し肌寒い季節でした。上野に行きました。フミちゃんが新しいスーツケースを買いたいとのことで、アメ横デートです。

「上野は二人でよく来たよなぁ。フミちゃん今いくつだ？　もう30かぁ。くわーっ、オレも歳取るわけだ」

「マサミは変わってないよ。むしろ若くなったんじゃない？」

「だろぉ？」

「ねぇ、でも何で飲食店なの？　あたしゴハンなんて作ってるとこ見たことないわよぉ」

ボクらはランチを食べながら、お互いの料理をつっつき合って笑いました。

「どうなの？　サン・フランシスコの生活は？」

「いいよ。向こうはねぇ、年齢とか人種とかまるで気にしないの。どこでもひとりの人間として扱ってくれるのよ。日本じゃそうはいかないでしょう？」

そっかぁ、うまくやってんだなぁ。いろんな人生があるんだね。

スーツケースは取り置きしてもらうことにして、フミちゃんがアブ・アブに行きたいと言いました。若いコ向けのファッションビルです。

「ブラ買いたいのよ。付き合ってよ。向こうは作りが悪くってぇ」

「え〜っ、やだよぉ。下着売り場だろ？　そんなとこ行けないよぉ」

「何言ってんのよ。いい大人のくせして」

いい大人。そうなんだよなぁ。オレもフミちゃんももういい大人だ。オレはいつから大人になったんだろう。お店を始めてから？　結婚してから？　就職してから？　どんなに歳を重ねたって、人間は大して変わらない気がしました。だって、フミちゃんと数年ぶりに会ったっていうのに、まるで自然でいられたからです。

「なんであたしたち結婚しなかったんだろうねぇ？」

「何言ってんだよ。フラれたのオレだよぉ」

「そうだっけ？　失敗したかなぁ、あたし」

「ふーんだ、もう遅いぜぃ」

日本から遠く離れた異国の地で、今もひとりでがんばっているフミちゃん。忘れるなよ、オレはいつでもここにいるから。


翌年2004年の春、モカの小学校入学を機に、カミさんはお店を離れ経理だけを担当するようになりました。もうボクとスタッフだけでも大丈夫。だって、ボクが思い描く理想のお店にどんどん近づいているんだから。

この時期ボクの父が亡くなりました。満開の桜が咲きほこる中での告別式でした。ボクは数日お店を離れることになりましたが、スタッフがしっかりとお店を営業してくれました。大きな成果です。結局ボクの父は、お店を訪れることはありませんでした。ボクのお店を父に見せたかった。それだけが心残りでした。

やっぱりボクは音楽家――BGM◎イギー・ポップ『ラスト・フォー・ライフ』

ボクはお店を営業するかたわらで、少しずつ音楽に対する情熱が目覚めていくのでありました。ずっと続けていたライヴイベント『アコギなやつら』は、第8回でいったん終了することにしました。もう通常の営業と併せては、行えなくなってしまったからです。

ボクはライヴイベント用に、曲を作るようになっていました。古い歌ばかり唄っていたんじゃ、お客さんや出演者に申し訳ないような気がしたからです。普段はお客さんでもある出演者たちの、熱の入った演奏に心を打たれたことも影響していました。イベントは終わっても、ボクの中には火がついていたのです。曲作りってやっぱり楽しいなぁ。

ボクは思い付きました。お店のテーマソングを作ろう。他にもお店を題材にした曲を作り、録音しました。それをＣＤにしてお店で販売したのです。初めは4曲入りで￥５００。これが売れたんです。最初の一ヶ月で１００枚を突破。そりゃ調子に乗りますよぉ。どんどん曲を作って録音しました。すぐにＣＤは10曲入り、13曲入りとボリュームアップです。

お店ではよくお客さんの誕生日会が行われていました。ボクは誕生日をお祝いする歌を作りました。みんなで一緒に唄えるような歌。誕生日会が行われるたびに、ボクはギターを抱え、スタッフを引き連れ、お店で唄うんです。

「さぁ、みんなも一緒に。ハッピーバースデイ、ハッピーバースデイ、ハッピーバースデイ・トゥ・ユー、……」

お客さんは手拍子に始まって、一緒に唄い出します。そのうち大盛り上がりに。お店がひとつになる素敵なひと時です。

お店はボクにとって、仕事場であると同時に遊び場でもあるんです。お店を使ってボクはどんどん遊びます。ボクが楽しんでなくて、お客さんを楽しませられるわけがないもんね。

そして、CDが売れたお金を何に使おうかあれこれ考えた挙げ句、やっぱりお客さんに還元しようと思いました。クリスマスに向けて、新たにCDを作ろう。それをお店からのクリスマス・プレゼントとしてお客さんにあげるんだ。お客さんが喜ぶかどうかなんて構やしねぇ。作りたいモノを作って贈るんだ。さぁ、忙しくなるぞう。

またもや曲作りを始め、せっせと録音しました。お店に立ちながらのわずかな時間、閉店後のお店が録音スタジオです。寝不足でヘロヘロになりながら働いていました。スタッフにもそれぞれ唄わせて、最終的に17曲入りのCDにまとめました。このお店らしい最高のプレゼントを作り上げたぜ。今のボクにはこれ以上のモノは作れない、そんな満足感でいっぱいでした。

『★マッシュマンズ★カフェ★のテーマ』

池袋の街はずれに
イカしたカフェがあるらしいぜ
ビルの二階のそのお店は
かなりヘンテコさ

壁も天井も真っ赤なんだぜ
まるで別世界なのさ

今日もやってるぜ　マッシュマンズ・カフェ
今日もおいしいぜ　マッシュマンズ・カフェ
今日も元気だぜ　マッシュマンズ・カフェ
みんなのヒミツの隠れ家さ

池袋にもあるんだぜ

世界に自慢できるお店が
あんまり知られてないけど
そこがいいところ

ひとりで来たって温かい気持ち
まるで別世界なのさ

今日もやってるぜ　マッシュマンズ・カフェ
今日もおいしいぜ　マッシュマンズ・カフェ
今日も元気だぜ　マッシュマンズ・カフェ
みんなのヒミツの隠れ家さ

昔はアイドル？――BGM◎サム・クック『ブリング・イット・オン・ホーム・トゥ・ミー』

それはそれは、懐かしいコたちが来てくれました。昔、路上で唄っていた頃にいつもボクらを見に来てくれていた女の子たちです。お店が雑誌で紹介された記事を見て来てくれたのでした。当時そのコたちは中学三年生。もう15年も経つのでした。

「うわ〜っ、大人になったなぁ。今どうしてるの。結婚してるのかい。そうだよなぁ」

「マサミさんらしいお店ですねぇ。雑誌でマサミさんの名前見て、もしかしてって」

「みんなまだ近くなんですよ。ちょくちょく来ますね」

うれしいなぁ。ボクのことを覚えていてくれたんだ。ボクのライヴにずっと来てくれていたコたち。ボクの歌を気に入ってくれていたコたち。そう言えば、いきなりボクん家を訪ねてきたこともあったっけ。いや、まいったよ、あの時は。アイドルじゃないんだから。

そのコたちはそれからも何度も来てくれては、昔話に花を咲かせました。ある時そのうちのひとりのコが、懐かしいものをどっさりと持ってきたのです。ボクのライヴのチラシや販売していたデモ・テープや、お客さんに配った詩集など。

「すげぇ、こんなに持ってんのぉ？　ずっと？　オレだって持ってないよぉ」

「ちゃんと大切に取っておいたんですよ」

「お～い、みんなぁ。ちょっと見てくれよぉ」

ボクはスタッフにチラシを見せびらかしました。

「え～っ、これマスター？　わっか～い」

「黒のスリムパンツよぉ。時代感じるぅ」

「ばかっ、コレがかっこよかったんだよぉ」


人が一番に悲しいことは忘れられることです。悪く思われてたっていいから、人の記憶に残っていたい。自分が生きた証を、誰かの心に残したい。ボクはなんとなく、自分の生きてきた過去すべてが今につながってる、そんな気がしてうれしかったのです。

認めてくれるかい？――BGM◎トム・ウェイツ『オール・55』

オープンして丸二年の2004年の6月、ついに月間売上が300万円を記録しました。ずっと目標にしていた300万円でした。いざ経験してみると忙しいのなんのって。この夏お店は絶好調を続けます。二年前とは比べ物にならない見事な成長ぶりです。お店の二周年パーティーは大盛り上がり。入りきれないお客さんでお店はあふれ返っていました。満足感でいっぱいでした。

お座敷のちゃぶ台が少し弱ってきたので、ボクは川口に帰って新しいものを作り直しました。母に頼んでクルマを借り、お店まで運ぶことに。母といっしょに池袋までのドライブになりました。

母はよくお店に顔を出します。お店がみるみる成長する姿をずっと見続けていました。お店が満席で、母が座れないなんてこともありました。借金も毎月きちんと返してたし、なんとなく責任は果たしたような安堵感がありました。

「おまえがうらやましいよ」

母の口から予想もしない言葉が飛び出しました。

「おまえが頑張ってるのはお店を見てりゃわかるよ。よくやってる。あたしもあんたみたいにまたがんばりたいねぇ」

へぇぇっ、母がボクをそんな風に見てたなんて知らなかった。少し認めてもらえたような気がして、うん、ちょっとうれしかったかなぁ。

愛するっていうこと――BGM◎ボブ・マーリー&ザ・ウェイラーズ『ノー・ウーマン・ノー・クライ』

普段は別々に暮らしているボクと娘のモカですが、たまに二人で遊びに行きます。モカはデート、デートって喜んでくれて、確かに親子というより恋人の気分かなぁ（笑）。

モカの運動会を見に行けなかったボクは、そのおわびに祝日に休みを取って二人で遊園地に遊びに行きました。観覧車に乗り、ジェットコースターで大声を張り上げ、楽しい休日を過ごしました。

夕方、アイスクリームをなめながらモカがボクに聞いてきました。

「ねぇ、パパはどうしてお店を始めたの？」

「ん？　なんでかなぁ？　何かにがんばりたかったんだよ」

「モカが運動会のダンスがんばったみたいに？」

「そうそう」

あたりまえかもしれないけれど、ボクはモカが大好きです。明るくて、やさしくて、モカといると心が洗われます。モカはいろんなことをボクに教えてくれるのです。愛するってことの本当の意味とか。

「ごめんなぁ、モカ。お店を始めたせいで、あんまり一緒に遊べなくて。前はいっぱい遊べたのになぁ」

そんなボクの言葉にモカはこう聞いてくるのでした。

「パパはお店を始める前と今とどっちがいいの？」

「ん〜、そうだなぁ、今の方がいいなぁ。毎日たくさんのお客さんが来てくれて、楽しいよ」

「じゃあモカも今の方がいい」

ボクはモカを愛してます。それは何の見返りも求めない、ただただ純粋な愛です。人は悲しいかな、誰かを愛し、好きになってもつい見返りを求めます。同等の愛を要求します。そこが気持ちのズレを生じさせるのです。ボクもこれまで、いろんな愛が悲しい別れに変わるのを経験しました。今ボクは、モカに見返りを求めることはありません。ただただ元気で生きてくれればいい。それだけです。こんな気持ち、こんな愛は初めてです。

父親らしいことなんて何もしてないし、何をしたらいいのかもわからないけれど、ボクが生き生きとした姿を見せること、それでいいかなぁ。こんな金髪の父親がいてもいいよね。

そしてボクはこの後、モカのために曲を作ったのでした。モカもいつか大きくなって、自分の好きなことを見つけるだろう。その時は誰に遠慮することなく、とことんがんばってほしい。ボクの子だってことに誇りと自信を持ってほしい。ボクから娘へのメッセージです。いつかモカが聞いてくれたらいい。そう思って。

『モカ』

その小さな手の平
何をつかむの？
何だってできるんだよ
望んでごらん

もし君が心から
好きだと思えること
見つけたら思い出してほしい

自分に流れる血を
自分を動かす血を
自分に流れる血を
信じてほしい

その小さな世界は
君のものだよ
遠くから見守ってる
好きにやってごらん

今君が心から
声を上げて笑ってる
その姿をなくさないでほしい

自分に流れる血を
自分を動かす血を
自分に流れる血を
信じてほしい

ボクは最高にしあわせな男だぜ

BGM◎ブルース・スプリングスティーン『涙のサンダー・ロード』

2005年の6月24日、お店は三周年を迎えました。今年の三周年パーティーはフリーフードにフリードリンクのバイキング形式。去年の二周年が、あまりにもたくさんのお客さんが来てくれたのに席が足りなくて申し訳なかったので、今年はテーブルを取っ払っちゃいました。ランチは通常通り営業して、夕方はパーティーの準備。料理の仕込みは大変だったです。予想来客数は50人。楽しいパーティーになればいいなぁ。

夜6時を迎えるとドヤドヤとお客さんが来てくれます。もう毎度毎度の顔なじみさんばかり。うれしいなぁ。さぁ、腹いっぱい食べてくれっ。お店が一気に活気づきます。

モカがこの日のために絵を描いてくれました。『★マッシュマンズ★カフェ★3歳おめでとう』と書いたかわいい絵を。お客さんも、花束やらワインやらを持って駆けつけてくれます。予想はしてましたが、店内はもうぐちゃぐちゃ。人でいっぱいです。

夜の8時頃、まずは第一弾、お店のスタッフたちによるミニライヴです。スタッフはこの日のために、ずっと練習してました。女の子三人楽器はまったくの初心者、エレキギターにベースにジャンベ（いわゆる打楽器ですね）。男の子がエレキギターでみんなを引っ張ります。ボクはお客さんに混じって見物です。やんややんやの大喝采。ボクが作ったお店の歌『待ち合わせ』とラモーンズの曲を日本語にカバーした『シーナ・イズ・ア・パンクロッカー』。まぁ、演奏はメチャメチャだったけどそれが良かった。一生懸命さがよく伝わってきます。

スタッフの男の子が、気合の入った顔でこう言いました。

「では、最後にもう1曲やりまーす」

あれ？　予定では2曲のはずじゃ？

「いつも、お客さんのためにハッピー・バースデイを唄っているマスターに、今日はみんなで贈りたいと思います」

あれれ？　聞いてないぞぉ？　スタッフの女の子がボクにプレゼントを持って来ます。紙ねんどで作ったお店のキャラクター『マッシュくん』の人形です。ちゃんと黄緑色に塗られたかわいい人形。

「みんなで隠れて、マスターには内緒で作りました。マスター三周年おめでとう」

うわ〜っ、やばい。ボクはこうゆうのに弱いんだ。涙が出てきそうです。

『ハッピー・バースデイ』

今日はあなたの生まれた日
一年で一度の大事な日
今日はあなたの生まれた日
すばらしい日にしてほしい

昨日と同じ一日でも
明日のことわかってても
少しずつ少しずつ
君は変わっているんだよ

ハッピーバースデイ
ハッピーバースデイ
ハッピーバースデイ・トゥ・ユー

大切な人と出会えたら
その出会いに感謝して
生まれてきてよかったね
君は変わっていくんだよ

ハッピーバースデイ
ハッピーバースデイ
ハッピーバースデイ・トゥ・ユー

ハッピーバースデイ
ハッピーバースデイ
ハッピーバースデイ・トゥ・ユー

パーティーは最高潮。お客さんは70人を超えました。もういっぱいいっぱいです。

「じゃあ、乾杯用のワイン回しますので〜」

いやぁ、グラスが足りません。みんなバラバラのグラスです。

「マッシュマンズ・カフェの三周年、お祝いに来てくれてどうもありがとーっ。かんぱーいっ」

クラッカーが鳴り響き、大喝采。さぁ、出番だ。ボクとスタッフみんなで恒例のミニライヴ。もうお客さんは、みんな知ってます。

「これをやらなきゃ始まらないぜーっ。みんなもう歌覚えてんだろうなぁっ。いくぜーっ。マッシュマンズ・カフェのテーマーッ」

もう何が何だかわかりません。実際ボクもよく覚えていません。とにかく最高の気分だった、それだけです。今までにいろんな所でいろんなスタイルで唄ってきたけれど、この日が一番中の一番。『★マッシュマンズ★カフェ★のテーマ』に、この日のために作った三周年記念の歌『お祝いのブルース』、最後に『Go! Go! mashman』です。サビのゴー、ゴー、マッシュマンの繰り返し、みんなで大合唱、大合唱、大合唱です。

ボクのお店、★マッシュマンズ★カフェ★は、たくさんの人に愛されています。もうボクのお店なんかじゃない、みんなのお店です。このお店を始められたボクは、最高にしあわせな男です。みんなーっ、どーもありがとーっ。

『Go! Go! mashman』

新しい法律ができたんだ
そのお店を愛する者を
マッシュマンと呼ぶらしいぜ

日本中に広がってるぜ
そのお店が広がってるぜ
マッシュマンが増えてるらしいぜ

Go! Go! mashman
Go! Go! mashman
ボクもあなたも君もマッシュマン

やさしい心の持ち主さ
笑顔が似合う人たちさ

君もマッシュマンにならないか

Go! Go! mashman
Go! Go! mashman
夢に向かって　マッシュマン　Go!

Go! Go! mashman
Go! Go! mashman
世界中にマッシュマン　Go!

最後に自慢するぜ――BGM『レッツ・ゴー・トゥ・マッシュマンズ・カフェ』

その年の秋、お店が初めてテレビで紹介されました。タレントの方が来て、収録は楽しいひと時でありました。放映はお店のテレビでお客さんと一緒に観ました。ボクもちょこっと出演です。お店は大盛り上がり。いやぁ、恥ずかしいのなんのって。★マッシュマンズ★カフェ★はもうボクが思い描いていたようなお店ではなくなってしまいました。あまりにもたくさんの人に知られてしまった、立派なお店です。

2005年12月、ついに売上げは380万円を記録。一日の売上げ記録を二度も更新するなど、お店はまさに絶頂期を迎えました。クリスマス時期は連日の大入り満員状態。さすがに悲鳴を上げたくなるほどの忙しさでありました。もちろん恒例のミニライヴはお客さんみんなと大合唱。ボクだってしっかり楽しんだけどね。

★マッシュマンズ★カフェ★が何かひとつ自慢できることがあるとしたら、それは間違いなくお客さんです。こんなにいいお客さんに恵まれたお店なんて、他にあるんだろうか。ボクはすてきなお客さんたちから、楽しい毎日をもらっているんです。

そして、こんなボクについて来てくれる頼もしいスタッフたち。影ながらお店を支えてくれているカミさん。口に出すことはないけど、感謝してます、ほんとに。
さぁ、今日も元気にがんばろう。ほら、もうお客さんが待ってるよ。みんな、準備はいいかい。開店の時間だぜっ。

『レッツ・ゴー・トゥ・マッシュマンズ・カフェ』

うれしいことがあったのさ
君に会いたいよ
話したいことがいろいろ
今から会おうよ

ゆっくりできるかい
きっと長くなるから

レッツ・ゴー・トゥ・マッシュマンズ・カフェ
レッツ・ゴー・トゥ・マッシュマンズ・カフェ

いつもの場所で待ち合わせ
君を待ってるよ
君が教えてくれた店
ぼくらのお店さ

お腹は空いてるよ
うまいもんが食べたい

レッツ・ゴー・トゥ・マッシュマンズ・カフェ
レッツ・ゴー・トゥ・マッシュマンズ・カフェ

いかした大人っていねぇなぁって思ってた。
憧れるような大人は、テレビの中にしかいなかった。

自分が大人になってみて気付いた。
周りにはすごい大人がたくさんいることを。

自分は全然大したことなかった。
自分はちっぽけだった。

かっこいい大人になりたいだろ。
かっこいい大人になろうぜ。

今の子供たちが憧れるような
かっこいい大人になろうぜ。

そして、ちゃんと見せてやるんだ。
かっこいい大人のかっこいいところを。
現実のかっこいい大人のすごいところを。

歳を取ることはかっこ悪いことじゃない。
歳を取ることは怖いことじゃないって
教えてやろうぜ。

終わりに

ボクが本を出したいと言い出した時、やはり周りの人は賛同してくれませんでした。そんなもん書けるわけがない。売れるわけがない。調子に乗ってんじゃない。あれこれ。だけどね、どうしてもボクは自慢したかったんです。ボクのお店のこと、そしてスタッフやお客さんや、★マッシュマンズ★カフェ★で過ごしてきた毎日のことを。

もしボクの父が生きていたら、なんて言うだろう。きっとこんな風に言ってくれたと思います。

「まったくおまえがうらやましいよ。そうやってやりたいことを好きなようにやって。まぁ、とことんやってみるんだな」

モカがいつか大きくなって、そうだなぁ、高校生くらいになって、この本を読んだ時に何て言うだろう。

「パパったらママにひどいことしたのね。パパはずるいわよ。ひとりで楽しいことをして。あたしも絶対楽しい人生を送ってみせるわ。パパを見てると悔しいもん」

こんな感じかなぁ（苦笑）。

もう決して若いとは言えない年齢になってしまったボクは、ただ今次の夢に向かって着々と準備中です。そう、二軒目を始めたいのです。ボクにとって二軒目の、新しいお店。まだどんなお店にするかは固まってないけれど、もう名前だけは決めました。『★マッシュマンズ★ハウス★』。やはり音楽をウリにした、隠れ家的お店です。★マッシュマンズ★カフェ★とは姉妹店の関係に。そうだなぁ、ディズニーランドとディズニーシーみたいなもんかなぁ。

二軒目ともなると、もうボクひとりではできません。それぞれのお店に店長を立てて、ボクはふたつのお店を行き来するつもりです。お金を貯めることと、人を育てること。これが今の課題です。もう母を頼るつもりはないし。

ボクはもともと飽きっぽくて、根性なし。すぐに新しい何かを始めちゃうんです。今でもこの先、自分で自分が何をやってるか想像できないし。明日自分が何考えてるかもわからないもんね。ただ、楽しい毎日を送りたいのはみんなと同じ。そのためにちょっとだけがんばって、ちょっとだけ努力して。

ボクは信じてます。夢はあきらめなければ、絶対叶うって。「ムリだよ」、「もう遅い」なんて言葉は、勇気のないヤツの言い訳さ。望み続けるんだ。ボクから言えることはこれだけ。

「夢は絶対にあきらめるな」

2005年12月　寺崎〈マッシュ〉雅実

		売上 （単位千円）	のべ 来客数	営業 日数
2004年	1月	2,628	2,398	27
	2月	2,781	2,578	29
	3月	2,761	2,571	31
	4月	2,840	2,645	30
	5月	2,916	2,699	31
	6月	3,155	2,795	30
	7月	3,109	2,861	31
	8月	3,063	2,801	31
	9月	3,004	2,773	30
	10月	2,856	2,501	31
	11月	2,839	2,634	30
	12月	3,147	2,839	31
2005年	1月	2,557	2,382	27
	2月	2,585	2,397	28
	3月	3,328	2,943	31
	4月	3,095	2,769	30
	5月	3,263	2,991	31
	6月	3,482	2,993	30
	7月	3,128	2,789	31
	8月	3,429	3,106	31
	9月	3,265	2,977	30
	10月	3,240	2,885	31
	11月	3,242	2,897	30
	12月	3,809	3,182	31

		売上（単位千円）	のべ来客数	営業日数
2002年	6月	124	141	7
	7月	1,089	1,046	31
	8月	1,210	1,091	28
	9月	1,346	1,332	30
	10月	1,495	1,462	30
	11月	1,671	1,573	29
	12月	1,823	1,737	30
2003年	1月	1,723	1,718	26
	2月	1,645	1,643	27
	3月	2,030	1,932	30
	4月	1,978	1,826	26
	5月	2,309	2,161	28
	6月	2,024	1,909	25
	7月	2,456	2,328	28
	8月	2,107	2,030	27
	9月	2,083	2,010	26
	10月	2,413	2,230	28
	11月	2,579	2,306	28
	12月	2,939	2,617	31

★マッシュマンズ★カフェ★の歩み

寺崎雅実（てらさき　まさみ）

1965年、東京生まれ。文豪・徳田秋声のひ孫にあたる。

19歳で大学中退後、音楽活動を本格化。アマチュアながら、ライヴに明け暮れる日々を過ごす。自作曲は軽く200を超える。28歳で音楽の夢を断念、33歳で飲食の世界へ。

約1年の準備を経て、36歳で池袋に★マッシュマンズ★カフェ★をオープンさせる。金髪に歌を唄う名物マスターとして、お店は人気を集める。これまでにメニューに登場した料理のレパートリーも軽く200を超える。気持ちはいつもアーティスト。コーヒーとチョコと煙草を愛する、永遠の不良少年。

★マッシュマンズ★カフェ★

〒170-0013 東京都東池袋1-39-20慶太ビル2階
☎03-3986-1393／11：30～23：30
www.geocities.jp/mashmanscafe

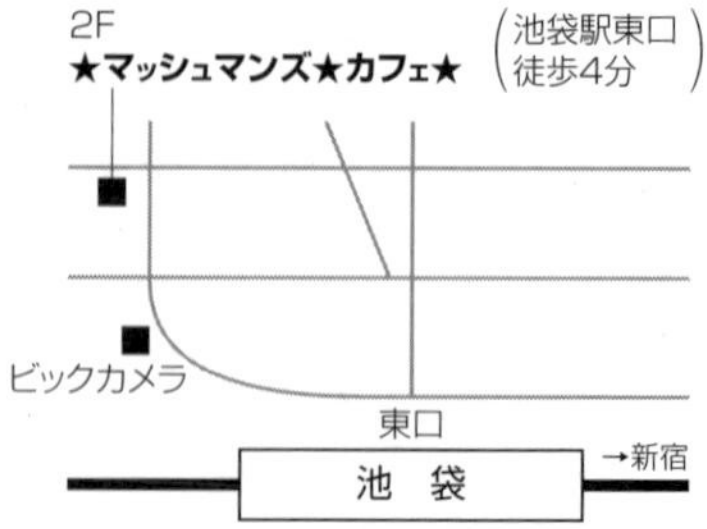

付録CD収録曲

1 ★マッシュマンズ★カフェ★のテーマ　201p

2 覚悟を決めろ　123p

3 トーキョー・トンガリキッズ　42p

4 メッセージ　79p

5 やりたいよ　24p

6 ハッピー・バースデイ　212p

7 エキストラ　118p

8 レッツ・ゴー・トゥ・マッシュマンズ・カフェ　218p

9 ぼくはぼくになる　94p

10 Go！Go！mashman　215p

11 夢は消えない　47p

12 99　128p

◎全曲作詞・作曲・唄・演奏

寺崎雅実

◎コーラス

★マッシュマンズ★カフェ★スタッフ

（マッシー、オガ、ダイスケ）

ボクのお店は★マッシュマンズ★カフェ★
二〇〇六年三月二十七日　初版発行

著者　寺崎雅実
デザイン　谷元将泰
発行者　高橋秀和
発行所　今日《こんにち》の話題社《わだいしゃ》
東京都品川区上大崎二・一三・三五　ニューフジビル2F
電　話〇三・三四四二・九二〇五
FAX〇三・三四四四・九四三九

印刷　互恵印刷＋トミナガ
製本　難波製本
用紙　富士川洋紙店

ISBN4-87565-566-5 C0011